少年游中国

跟着课本去旅行

青蓝 ◎ 编著

北京日报出版社

图书在版编目（CIP）数据

少年游中国：跟着课本去旅行 / 青蓝编著.
北京：北京日报出版社，2025.7. -- ISBN 978-7-5477-5168-8

Ⅰ．K92-49

中国国家版本馆 CIP 数据核字第 2025CV8420 号

少年游中国：跟着课本去旅行

出版发行	北京日报出版社
地　　址	北京市东城区东单三条8-16号东方广场东配楼四层
邮　　编	100005
电　　话	发行部：（010）65255876
	总编室：（010）65252135
印　　刷	三河市双升印务有限公司
经　　销	各地新华书店
版　　次	2025年7月第1版
	2025年7月第1次印刷
开　　本	710毫米×1000毫米　1/16
印　　张	10
字　　数	170千字
定　　价	49.80元

版权所有，侵权必究，未经许可，不得转载

这是一本什么书？

知识为想象提供源泉，而实践则是验证知识的舞台。当你们坐在教室里，透过窗户看到的或许只是一棵大树、一只飞鸟，那只是世界的小小一角。但如果你们勇敢地迈出步伐，走进大自然，就会发现一片广阔的森林和一群自由翱翔的候鸟，那是完全不一样的精彩！

在成长道路上的每一天，你们都需要知识的浇灌，也需要通过实践来让知识生根发芽。很多时候，我们只有亲自去动手验证，才能真正透彻地理解知识背后的原理。本书就是为了

一本亲子旅行书

你们的父母平日里工作忙碌，可能没有时间好好陪你们，错过了不少温馨的亲子时刻。但别担心，有一种方式可以弥补遗憾，那就是旅行。在旅途中，你们可以和父母一起走进大自然，领略山川的壮丽，这也是让他们走进你们成长世界的好机会。

一本趣味游戏书

本书既是一本能够带你们和父母畅游全国的旅行指南，也是一本可以写、可以画、可以做游戏的趣味读物。书中那些精美的手绘插图，绝对能让你们大饱眼福。书中还有自然、人文方面超有趣的实验游戏，能够充分锻炼你们的动手动脑能力，快来开启这场奇妙的知识之旅吧！

帮助大家学会将知识和实践结合起来，鼓励你们自己去探索自然界中那些神秘莫测的现象。在这个过程中，你们潜藏在身体里的创造力、想象力和实践力都会被——激发出来，你们会看到一个更棒的自己！

学习从课本起步，而独立要从旅行开始。一直待在舒适区，我们就会像温室里的花朵一般柔弱易折；而走出去，旅途中的一花一草、一叶一木都是最形象、最生动的活教材，让人看得见、摸得着，能真切地印在我们的脑海里。

旅行于我们而言，不仅能增长见识、提升感知，还能让我们更自信、更强壮，培养坚韧意志和独立精神，与父母一起学到实用技能。所以，勇敢地走出舒适区，去名山大川闯荡，到五湖四海探索，开启属于我们的成长旅程吧！

一本课本复习书

本书的宗旨是游教合一，将课本里的知识和祖国的名山大川联系起来。想象一下，当你们踏上旅途，那些书本上的文字都将变得鲜活起来，你们会更加深刻地记住所学知识，真正实现玩中学、学中玩，不仅让学习不再枯燥，还能轻松复习，相信这个过程一定会让你们很心动！

一本国情教育书

古人有云："读万卷书，行万里路。"我们平时坐在教室里，只能依靠课本去了解中国的自然地理、人文历史。可那些名山大川到底有多么雄伟，历史古迹经历岁月沧桑成了什么光景，光靠想象可不行。我们只有走出教室，亲自踏上旅途，才能用自己的双脚去感受每一寸土地的独特，去真切地触摸这个广袤又奇妙的世界。

这本趣味书如何玩？

日常行囊

当我们出门旅行时，一路上难免会碰到些小状况，所以得提前做好准备，这样才能玩得开心又顺利。

吃： 在外吃饭不像在家那么方便，而且说不定你会不喜欢当地饭菜的口味。所以不妨和父母商量一下，带一些你平时爱吃的零食和点心，以备不时之需。

穿： 中国地域广阔，不同地区的天气差别很大。你需要在父母的陪同下，根据目的地的天气预报，准备好足够的衣服，从外套到短袖，都不要落下，这样不管天气怎么变，你都能舒舒服服地游玩。

用： 年纪尚小的你，可能抵抗力会相对弱一些，像水杯、勺子、牙刷、毛巾等这些你平常贴身使用的东西，都需要提前在行李箱里放好。

药箱： 药箱更是必备的，要带上感冒冲剂、退烧药、咳嗽药、晕车药、风油精等常用药品，还要放入绷带、纱布、创可贴、退热贴、消毒纸巾、消毒药水和体温计等常用装备，以防万一。

小贴士： 旅行中可能会出现意外情况，要是不小心跟父母走散了，你得有办法联系到他们。可以让父母给你做一张小卡片，上面写着父母的名字、电话和你们的家庭地址，你一定要好好收着，这可是很重要的。

父亲姓名：
母亲姓名：
联系方式：
家庭住址：

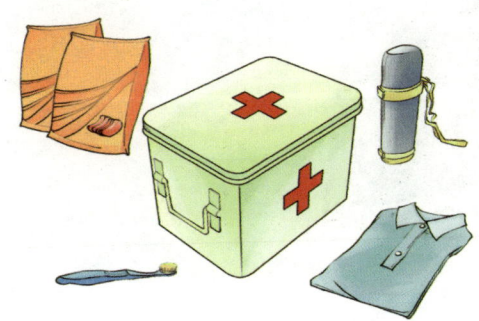

实践行囊

　　本书致力于激发你们的想象力与创造力。旅行前，记得参照书中的"动手动脑"部分，带上回形针、放大镜、望远镜这些做实验的小物件，还有画笔、画纸等。再拿个笔记本，把旅途中的新奇事记下来。等回来后，这些记录会帮你们反复回味旅途中学到的知识。

版块解读

　　"边读边游"版块主要是对旅游目的地相关景点的介绍。所选子景点都是当地的特色地点，它们和课本内容紧密相连，讲解的语言轻松幽默，还有精美的景点图片。这样，你在阅读的时候，就能马上看到那些景点的样子。

游戏玩法／阅享乐园

　　本书每篇都附带一个有趣的游戏，你和父母根据游戏提示就可以一起做亲子活动了。还有一些问题游戏，部分答案附在书后。

目 录

自然篇

1 黄山 …………………… 002
2 庐山 …………………… 009
3 钱塘江 ………………… 016
4 呼伦贝尔 ……………… 021
5 洞庭湖 ………………… 027
6 日月潭 ………………… 033
7 西双版纳 ……………… 039
8 小兴安岭 ……………… 046
9 鸟的天堂 ……………… 054
10 珠城 ………………… 060

人文篇

1 李白故里 ……………… 068
2 娲皇宫 ………………… 074
3 鲁迅故居 ……………… 080
4 开封 …………………… 086
5 泰山 …………………… 092
6 赵州桥 ………………… 100
7 延安 …………………… 107
8 雷锋纪念馆 …………… 114
9 圆明园 ………………… 122
10 故宫 ………………… 130

附 录

旅途随笔 ……………… 142　　部分题目参考答案 ……… 143

自然篇

横看成岭侧成峰,是高山巍峨的脊梁;碧波万顷映云天,是江河湖海的柔情;草木荣枯蕴玄机,是生命律动的诗篇……天地画卷,正向你徐徐展开;自然的奥秘,静待你逐一探索。捧起书本,让我们探寻山川湖海的壮阔,共赴一场大地之书的奇妙邀约。

1 黄山
云海中的奇石聚会
——部编版《语文》二年级（上册）

景点概况

黄山，世界地质公园，世界文化与自然遗产，中国 5A 级旅游景区，中国十大名胜古迹之一，位于安徽省南部黄山市境内。明朝旅行家、地理学家徐霞客两次登临黄山，赞叹："薄海内外无如徽之黄山，登黄山天下无山，观止矣！"这番话被后人引申为"五岳归来不看山，黄山归来不看岳"。

最负盛名的"黄山四绝"中，迎客松以上千年树龄演绎生命奇迹，梦笔生花石展示着自然造化的鬼斧神工，风起时云涛如雪浪翻流，朱砂温泉则流淌着自唐代延续至今的养生泉水。今天人们在保存完好的登山步道与观景台间，既能体验"云外千峰"的惊险栈道，也可乘坐现代化缆车穿梭云间。

· · · · 自然篇

🚩 游学目标

开发想象力：当你游览黄山时，试着从不同角度观察那些怪石，发挥想象力为它们命名，这能让你的思维更加活跃。

锻炼体能：攀登黄山的过程，也是锻炼体能、磨炼毅力的好机会。要记住，毅力是成功的关键。

培养坚韧精神：了解黄山松在恶劣环境中顽强生长的故事，会让你懂得坚韧不拔的精神有多么可贵，从而激励自己在面对困难时保持积极向上的态度。

边走边聆听

黄山原来不叫"黄山"，叫"黟山"。"黟"这个字你们不认识吧？它的读音跟"衣服"的"衣"相同。那么为什么叫"黟山"呢？原因很简单：黄山脚下有一个县叫"黟县"。"黟"这个字拆开来就是"黑"右边加一个"多"，传说这个县盛产一种黑色的大理石，黑色的石头多了，人们就把这两个字合成一个字，叫"黟"。那么在黟县的那座最大的山就叫"黟山"啦，也就是我们现在所称的"黄山"。关于黄山的来历，其实还有一个流传已久的神话故事，下面让我们来一起听听吧。

传说轩辕黄帝在头发变白的时候，命令他的大臣浮丘公去寻找可令人长生不老的仙丹。浮丘公接到圣旨后就去游历名山大川寻找仙丹。他一直找，一直找，找了三年才找到了一个可以炼制仙丹的地方。这个地方就是现在的黄山。

浮丘公回去后，就把黄山如同仙境般的事情报告了轩辕黄帝。黄帝非常高兴，立刻启程前往黄山。黄帝到了黄山之后，发现这里"奇峰峰侧抽奇峰，怪石石上叠怪石"，惊叹不已。他还看到很多猴子在山上玩耍。浮丘公告诉黄帝：这些猴子是仙猴，能腾云驾雾，来去无踪。

黄帝看到黄山奇峰怪石，仙气缭绕，十分高兴，就在这里辛苦地修炼，想得道成仙、长生不老。功夫不负有心人，黄帝最后真的成了神仙，飞升而去。

这个故事一直流传到唐朝，当时的皇帝李隆基为了纪念黄帝，就把"黟山"改成了"黄山"。这就是关于黄山的神话传说，你们是不是也想去黄山找仙猴呢？

黄山的奇峰怪石

自然篇

边读边游

奇形怪状的石头

　　《黄山奇石》中提到的"奇石"是黄山的四绝之一。你们是不是在想，石头就是石头，怎么还有这么多名字呢？课文中提到了"猴子观海""天狗望月"和"狮子抢球"等，这些名字又有什么故事呢？让我们来一边观赏奇石一边听它们的故事吧！

　　传说在很久以前，有一个神童，他非常聪明，两岁就会写字，四岁就会作诗。可是他长大后没有考中进士，于是改行做起了生意，但因为没有天赋，赔光了本钱。他听说黄山有神仙，就在走投无路的情况下来到了黄山，想找神仙帮助他。可是，他走遍了黄山也没有看到一个神仙，结果因为走了太多的路，又没有饭吃，饿倒在草地上。

　　不知道睡了多久，他被一位老人救醒了，老人问他为什么来黄山，他就把自己的遭遇说了出来。老人听说之后大笑了起来，告诉他这里没有神仙，劝他快点回家。老人还给了他一些野果，让他留着在路上吃。他听了老人的话便回家了，走了没多远，他忽然发觉不对，这里连个人家都没有，老人是从哪里冒出来的？他越想越觉得老人就是神仙，于是回去找老人。

　　可是等他回去找到老人的时候，老人已经变成了一块石头，指着他回家的路。他这才明白老人的良苦用心，便乖乖回了家，孝顺父母。后来人们就把这块石头叫作"仙人指路"了。

（　　　）

（　　　）

（　　　）

005

▲ 迎客松正伸出手臂迎接小朋友们的到来

四季常青的松树

说起黄山，人们最先想到的大概就是一棵形状像人的松树了，它叫作"迎客松"。黄山的"奇松"也是一绝。除了迎客松，还有连理松、蒲团松、黑虎松、团结松等闻名海内外的松树。每一棵松树都有着不同的样子，一些有名字的和一些没名字的，都像张开的手臂一样，欢迎每一位游客的到来。

黄山松，是在黄山独特地貌和气候条件下形成的一个中国特有种类，属松科植物，生长在海拔 600 米以上，枝干喜欢阳光、深根喜欢凉润，但整体生长迟缓。

在黄山数不清的松树里，迎客松是知名度最高的。我们平常看到的安徽电视台的台标就是迎客松的样子，北京人民大会堂里陈列的巨幅铁画《迎客松》也是根据它创作的。

那么"迎客松"这个名字是从何而来的呢？这就要从它的形状说起了。迎客松生长在悬崖边上，至少都要有 1000 岁了，它像一个人笔直地站在那儿，伸出一只手臂，做出欢迎的姿势，如同正在欢迎远道而来的客人的样子，所以人们叫它"迎客松"。现在它已经成为中国人热情好客的象征了。

自然篇

瑶池仙境的云海

《西游记》里，每当孙悟空上天庭时，总是置身于云雾腾腾的仙气之中。你们一定很想在现实中也看看那些"仙气"吧？其实这一点也不难，黄山的云海可是举世闻名的，孙悟空只有上天庭时才能看到，而我们只要登上黄山就能看到了，是不是比孙悟空还厉害？

云海，是指在一定的天气条件下形成的云层，并且云顶高度低于山顶高度。当游客在高山之巅俯瞰云层时，看到的是漫无边际的云，如立于大海边上，波涛汹涌，浪花飞溅，惊涛拍岸。人们故称这一现象为"云海"。

自古黄山云成海，黄山是云雾之乡，一年四季都能看到，尤其是冬天的时候景色最好。依云海分布方位来说，玉屏楼观南海，清凉台望北海，排云亭看西海，白鹅岭赏东海，鳌鱼峰眺天海。

黄山的日出非常壮观，起早看日出要多穿点哦

迎接清晨的笑脸

每天清晨，我们都能看到太阳公公的笑脸挂在东边，它总是清晨第一个迎接我们的。那你们有没有想过去迎接太阳公公呢？早上早早地起床，在天还没有完全亮的时候张开怀抱迎接太阳公公，是一件非常有趣的事哦！太阳公公刚睡醒的时候还有另外一个名字，叫"日出"。

凌晨站在黄山的山顶上看日出，是来黄山旅游必定要体验的一件事情。在黄山看日出最理想的地点是北海的清凉台和狮子峰，其次是光明顶和玉屏楼。

云海茫茫，你是不是也想腾云驾雾一番呢？

动手动脑

1 黄山以奇松、怪石、云海、温泉"四绝"闻名于世。在旅途中，你对黄山的哪一"绝"印象最为深刻？请详细描述它的特点，并说明这一景观形成的可能原因。

2 请你根据提示，用画笔描摹出下面的图案，并为它们涂上颜色。

仙人指路

仙桃石

猴子观海

金鸡叫天都

3 请你仔细阅读全文，填写下面词语中缺少的字。

腾（　）驾（　）　　（　）形（　）状

（　）（　）大川　　（　）（　）缭绕

4 请你观察第 005 页的插图，开动脑筋，发挥自己的想象力，为各个怪石起一个新的名字，填写在图片下方的括号里。

2 庐山
横看成岭侧成峰
——部编版《语文》二年级（上册）

景点概况

庐山又称"匡庐"，山体呈椭圆形，典型的地垒式断块山，位于江西省九江市。它以"雄""奇""险""秀"闻名于世，唐代诗人白居易以"匡庐奇秀甲天下"七个字道出庐山的秀美和品位。五老峰如五位哲人临湖论道；三叠泉瀑布化作银河，分三级坠入深潭；锦绣谷中云海翻涌时，白居易笔下"人间四月芳菲尽，山寺桃花始盛开"的奇景仍在上演。青峰秀峦、银泉飞瀑、云海奇观、园林建筑，一展庐山的无穷魅力。庐山尤以盛夏如春的凉爽气候为中外游客所向往，是久负盛名的风景名胜区和避暑胜地。

 少年游中国

游学目标

了解中国山体类型：在旅行中，我们可以学习到中国山的分类和走向。中国的山分为褶皱山、断块山、火山等不同类型，比如庐山，就属于断块山。

扩展课外阅读：庐山有许多美丽的传说，比如传说中的匡俗先生的故事。

熟悉自然现象：庐山云雾的形成有其自然原因，这也让我们联想到其他常见的自然现象。

自然篇

边走边聆听

在庐山的悠久历史中，流传着一个引人入胜的故事。时间追溯至东周时期，有一位名叫离卢的杰出琴师，在一次游历中偶然抵达庐山脚下，被山间一阵阵悠扬的琴声深深吸引，不由自主地踏上山路，探寻琴声的来源。

经过数日的寻觅，离卢在庐山的蜿蜒小径中迷失了方向。然而，他注意到一个奇妙的规律：琴声总是在日出之时响起，日落之际停歇。于是，离卢决定停下脚步，在三叠泉旁静坐下来，沉浸于自然的交响乐中——琴声、鸟鸣声、流水声与风声交织成一曲动人的多重奏。他开始抚琴响应，琴声轻柔如丝，随风飘散，逐渐与山间的自然之音融为一体，直至他所弹奏的旋律与山中的琴声惊人的相似。

当离卢最终下山，询问山下居民关于他在山上的时间时，得到的回答竟是他仅仅度过了一日！这一发现让离卢震惊不已，他向周围的人们分享这段奇异的经历，却常常被认为是虚幻的想象，离卢只好一笑置之。从此，离卢决定留在庐山，与山为伴，每天随着日出日落，以琴会友，与自然共鸣，享受着那份超脱世俗的宁静与和谐。

少年游中国

边读边游

飞流直下三千尺

诗仙李白在《望庐山瀑布》中曾赞叹："飞流直下三千尺，疑是银河落九天。"可以看出庐山瀑布在这位伟大的诗人眼里像银河一样壮观。李白在诗中说瀑布像是从九重天上飞落而下，这样的比喻也能够让我们看出瀑布的惊险和湍急。

庐山瀑布不是单一的，而是由三叠泉瀑布、开先瀑布、石门涧瀑布、黄龙潭和乌龙潭瀑布、王家坡双瀑和玉帘泉瀑布等组成的一个瀑布群。其中三叠泉瀑布被誉为"庐山第一奇观"，势如奔马，声若洪钟，总落差达155米，古人称"匡庐瀑布，首推三叠"。

三叠泉每叠各具特色。一叠直垂，水从20多米的簸箕背上一泻而下；二叠弯曲如弓形；三叠直泻入潭中。站在下方抬头仰望，三叠泉抛珠溅玉，宛如白鹭上下争飞，又如九天轻雨飞洒。如果是暮春初夏多雨季节，飞瀑如发怒的玉龙，冲破青天，凌空飞下，轰鸣如雷，令人叹为观止。

· · · · · 自然篇

五老并坐峰触天

五老峰是庐山全山形势最雄伟奇险之胜景，海拔 1436 米。因为山顶被断分成并列的 5 座山峰，抬头仰望时像席地而坐的 5 位老人，古人便把这原是一山的 5 座山峰统称为"五老峰"。

五老峰根部连着鄱阳湖，峰尖触天，从各个角度去观察，姿态不一，有时候像诗人念诗，有时候像武士高歌，有时候像渔翁垂钓，有时候像老僧盘坐。

五老峰中以第三峰最险，奇岩怪石千姿百态，雄奇秀丽，蔚为大观；第四峰最高，峰顶云松弯曲如虬。

登五老峰看庐山朝阳，是不是非常美丽呢？

少年游中国

瞬息万变的云雾

云雾景观是庐山一大奇景。庐山处于一个盆地中，四面山岭耸立，南靠鄱阳湖，北靠浩瀚的长江。大江大湖蒸腾不竭的水汽，形成滔滔的云雾涌向庐山，因为这襟江带湖的关系，庐山的水汽很盛，水汽一旦碰上空气中的尘埃，就凝结成小水滴。数不清的小水滴就形成了美丽神奇的庐山云雾。

因此，山中云气出没无常，诸峰忽隐忽现。瞬息间云海密布，弥漫山谷，人们哪怕离得很近，也分辨不出物体的形状。当峡谷中向上吹的风力比水滴往下降的重力大的时候，水滴就随风往上飘，这种"雨自下而上"的奇特现象就出现了。

庐山云雾，四季皆有，夏季最多，秋季较少。夏季云雾多在山顶，冬季云雾多在山腰，这是因为冬季水汽凝结的位置低于夏季，所以冬季云层的位置也就低于夏季。春夏之交，由于水汽多，季风变幻，群峰经常云遮雾罩，天气忽晴忽雨，变幻莫测，云雾也诡谲奇特、变化多端。

美不胜收的庐山日出，快去看看吧！

乍雨乍晴日出没

庐山是神州九大观日出地之一，而庐山上的最佳观日地点就在含鄱口。含鄱口海拔1286米，含鄱岭和对面的汉阳峰之间形成了一个巨大壑口，它势如奔马，又宛如游龙，神气活现地横亘在山峰之间，张着大口似乎要鲸吞鄱阳湖水，因此得名。

清晨，只见鄱阳湖上晨光熹微，水天一色，一轮红日射湖而出，金光万道，霎时湖天尽赤，锦绣河山成了一幅灿烂绚丽的画卷。雄伟、瑰丽，云浓雾密，莽莽苍苍，状如鱼脊的含鄱岭，像一座屏障屹立在庐山的东南方。

自然篇

动手动脑

1 观察图片，为琴师离卢选取云游庐山需要携带的物品。

2 认字游戏

（1）虬（qiú）：古代传说中头上长角的小龙叫虬，它的读音与皮球的"球"相同。左边一个小虫子的"虫"，右边一个"乚"就组成了一个"虬"字。

（2）垒（lěi）：军营的墙壁或工事，如堡垒、营垒。它的读音与光明磊落的"磊"相同。最下面是一个"土"字做地基，上面叠加三个"厶"就成了"垒"字。

（3）褶（zhě）：衣服折叠之后留下的痕迹，如百褶裙。它的读音与读者的"者"相同。可以用意象理解法记住它的写法，比如小朋友有件白色的衣服，像天鹅的羽毛一样白，所以"衤"的右边加一个"羽"，"羽"下面加一个"白"就是"褶"了。

015

3 钱塘江
壮观天下无
——部编版《语文》四年级（上册）

景点概况

钱塘江流经安徽和浙江两省，古名"浙江"，亦名"折江"或"之江"，最早见于《山海经》，是吴越文化的主要发源地之一。

钱塘江大潮被誉为"天下第一潮"，它的磅礴气势源于独特的天文、地理交响：喇叭状河口急剧收缩的地形，与月球、太阳的引潮力形成完美共振，加之江底沙坎的抬升作用，使得潮差最高可达 9 米多。每年中秋前后，当东南风与东海潮波相遇，便上演着"海涌银为郭，江横玉系腰"的天地壮歌。一线潮如千军列阵奔腾西进，交叉潮似银龙摆尾凌空相撞，回头潮则若巨兽回扑掀起冲天水幕，苏轼笔下"欲识潮头高几许，越山浑在浪花中"的恢宏画卷在盐官镇、萧山观潮城等地轮番呈现。

自然篇

🚩 游学目标

了解自然现象：钱塘江潮是一种很奇特的自然现象，也是世界一大自然奇观。当我们去观潮时，可以借此了解自然现象的相关知识。

树立自我保护意识：观潮时潮水汹涌，可能会有危险发生。我们不能轻易靠近江河湖泊，要时刻注意确保自己的安全。

大潮来袭

017

边读边游

钱塘江游船

盐官一线潮

每年的农历八月十八前后，是观潮的最佳时节。这期间，秋阳朗照，秋风宜人，钱塘江口的海塘上，游客群集，兴致盎然，争睹奇景。观赏钱塘秋潮，有3个最佳位置。海宁市盐官镇东南的一段海塘为优中选优的观潮点。这里潮势最盛，且以齐列一线为特色，故有"海宁宝塔一线潮"之誉。

八堡交叉潮

在盐官镇东约8千米的八堡，可以观赏到潮头相撞的奇景，人们称之为"交叉潮"。海潮涨入江口之后，潮流速度南快北慢，潮头渐渐分为两段，进展神速的南段为"南潮"，迟迟不前的北段为"北潮"；在北岸观潮者看来，涌来的潮水来自东方，故称"东潮"。当南潮扑向南岸被荡回来，调头向北涌去，恰与姗姗来迟的东潮撞个满怀，霎时，一声巨响，好似山崩地裂，满江耸起千座雪峰，着实令人心潮澎湃！

▲ 此时风平浪静的钱塘江与潮水到来时截然不同

盐仓回头潮

从盐官逆流而上的潮水，将流至下一个观潮景点老盐仓。老盐仓的地理环境不同于盐官，盐官河道顺直，涌潮毫无阻挡向西挺进；而老盐仓的河道上，出于围垦和保护海塘的需要，建有一条长660米的拦河丁坝，咆哮而来的潮水遇到阻碍后被反射折回。在那里，它猛烈撞击对面的堤坝，然后以泰山压顶之势翻卷回头，落到西进的急流上，形成一排"雪山"，风驰电掣地向东回奔，声如狮吼，惊天动地，这就是"回头潮"。

此外，海宁观潮还有日夜之分。白天观潮，视野广阔，一览怒潮全景，自是十分有趣；皓月当空时观赏夜潮，却也别有其妙。看潮是一种乐趣，听潮是一种遐想，难怪有人说："钱塘郭里看潮人，直至白头看不足。"

动手动脑

1 钱塘江里有无穷尽的水，农民伯伯需要取 4 千克水来浇灌田地。但是现在他只有一个能盛 3 千克的提桶和一个能盛 5 千克的提桶，两只提桶形状上下都不均匀。现在，农民伯伯想请你帮他想想：如何才能准确得到 4 千克的水？

2 钱塘江的潮有多种类型，观察下面的几幅照片，你知道它们分别是什么类型的潮吗？它们各自又有什么特点呢？请把对应的潮的名称写在相应的图片下方的括号里。

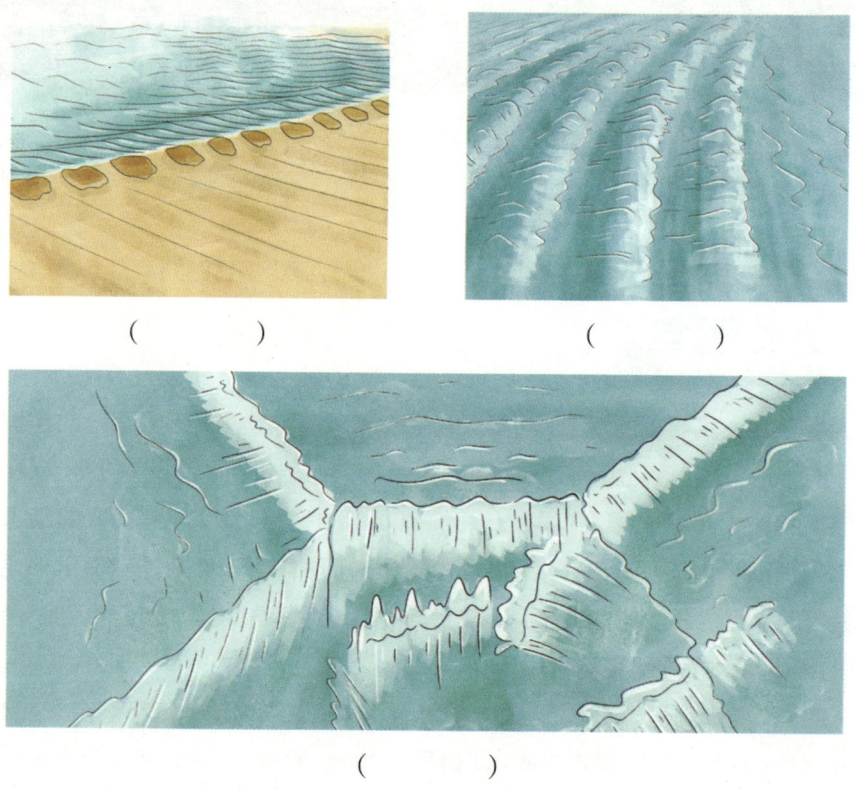

（　　　）　　　　　　（　　　）

（　　　）

4 呼伦贝尔
牧草王国
——部编版《语文》六年级（上册）

内蒙古自治区呼伦贝尔市，被誉为"北国碧玉"。呼伦贝尔得名于呼伦和贝尔两大湖泊。那里有我国目前保存完好的草原，水草丰美，有"牧草王国"之称。金帐汗蒙古部落仍在讲述一代天骄成吉思汗弯弓驯马的雄姿，额尔古纳河右岸的岩画镌刻着鲜卑先祖的图腾记忆。从拓跋鲜卑的嘎仙洞到清代卡伦哨所的界碑，多元文化在草原上碰撞出璀璨的火花。当代游人在呼伦贝尔草原国家公园，既能策马穿越白桦林海，也可住进星空牧场感受游牧智慧。

少年游中国

游学目标

体验少数民族的生活：在呼伦贝尔大草原，我们可以体验少数民族的生活，开拓我们的视野，亲身感受不一样的旅行和生活方式。

牧一次牛群：在无边无际的草原上，无数的牛群在奔跑。我们可以跟着牧民去放牧，近距离观察那些高大的牛，留下一份独特的生活阅历。

边走边聆听

传说在很久很久以前，草原上风妖和沙魔横行，大地寸草不生，滴水如金，牧畜濒于绝迹，牧民尸骨遍地。在草原上一个勇敢的蒙古部落里有一对情侣，女孩能歌善舞，才貌双全，叫呼伦；男孩力大无比，能骑善射，叫贝尔。

他们为了拯救草原，与草原上的妖魔奋勇搏杀，他们降风妖、除沙魔、施甘露、救生灵，把草原打扮得格外美丽。草原人民为感谢和纪念他们，就把自己的家乡取名为"呼伦贝尔"。这就是世界四大草原之一的呼伦贝尔大草原。

 牛羊行走在一望无际的大草原上，这是多么令人感到惬意的风景！

022

● ● ● ● ● 自然篇

边读边游

呼和诺尔草原

　　呼和诺尔位于陈巴尔虎草原中心地带的呼和诺尔湖畔。这里有雄壮的搏克手、矫健的驯马师、奔涌而来的马群和豪放不羁的蒙古汉子。

　　呼和诺尔之美，美在巴尔虎蒙古族厚重而灿烂的民族文化。巨大的勒勒车轮展示着岁月的沧桑，洁白的蒙古包和傲立的雪狼讲述着神秘的传说。这里处处散溢着古老的草原文化，让人回味无穷。

　　身披战铠的迎宾马队，高举哈达的蒙古族姑娘，婉转悠扬的马头琴合奏，风味独特的烤全羊，丰富多彩的文艺表演……可以说，在呼和诺尔，吃的是文化，看的是文化，听的是文化，品的更是草原上亘古相传的民族文化。

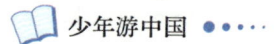

呼伦湖的太阳雨

呼伦湖，这又是呼伦贝尔一处绝对不容错过的美景。我们站在湖边一眼望去，看不到它的边际，湖面如海一般辽阔。

我们在湖畔还常会遇到突然下大雨的天气，刚刚还晴朗的天空转眼风云突变，下起了大雨，可西方的阳光并没有退去，这是一场城市人难得一见的"太阳雨"。一面电闪雷鸣，一面夕阳西下，是十分神奇的景观。

这时，你会惊喜地看到呼伦湖上空高高地架起了一道彩虹桥，颜色绚丽，跨度长远，这叫"双虹"，是好兆头，是草原正以最隆重的礼节为你祝福！

双虹之后，又一个奇观出现了：雨后的落日抖出金色的披风，把万丈赤金倾泻在草原上，湖水泛着金光，敞开怀抱，拥抱住金色的太阳。

自然篇

金帐汗蒙古部落

金帐汗蒙古部落位于被誉为"天下第一曲水"的莫尔格勒河畔,是呼伦贝尔唯一以游牧部落为景观的旅游景点。这里的天气忽晴忽雨,变幻莫测,云雾也诡谲奇特,变化多端。这里是优良的天然牧场,历史上许多北方游牧民族曾在此繁衍生息。金帐汗蒙古部落景点的布局,就是当年成吉思汗行帐的缩影和再现,因此吸引了许多影视剧组来此地拍摄影视剧,是理想的草原影视基地。

草原上的人们载歌载舞,多么热闹又美丽的场景!

动手动脑

1 从草原回来的你们是不是很想再看看草原上的彩虹呢？其实，即使我们不去呼伦贝尔，也能看见彩虹。下面，就让我们来试试自己动手制造彩虹吧！

步骤：

（1）在一个阳光明媚的晴天，准备一个装满水的碗。在碗里放上一面小镜子，让阳光照射在镜子上。

（2）准备一张白纸，对准镜子高高举起，让照射在镜子上的阳光反射到白纸上。此刻，我们就能在白纸上看到彩虹啦！

2 在内蒙古游玩时，你们一定看到了不少具有蒙古族特色的东西吧！那么，你能说说下面哪些物品是具有蒙古族特色的吗？你知道其他物品是属于哪个民族吗？将物品名称写在图片下方的括号里。

（　　）　　　　（　　）

（　　）　　　　（　　）

5 洞庭湖
八百里神仙洞府
——部编版《语文》三年级（上册）

景点概况

在长江中游荆江南岸，横卧着面积2691平方千米的"长江之肾"洞庭湖。这座中国第二大淡水湖，以"八百里洞庭"的浩渺烟波，串联起湘、资、沅、澧四水，在岳阳城下吞吐长江，演绎着"衔远山，吞长江"的千古绝唱。湖中君山岛如青螺浮水，与千古名楼岳阳楼隔水相望，构成"未到江南先一笑，岳阳楼上对君山"的经典画卷。

洞庭湖，据传为"神仙洞府"之一，可见其风光之迷人。洞庭湖浩瀚迂回，山峦突兀，其最大的特点便是湖外有湖、湖中有山，渔帆点点、芦叶青青、水天一色，其春秋四时之景不同，一日之中亦变化万千。

少年游中国

游学目标

身临其境地理解课文：来到洞庭湖，我们可以一边泛舟湖上，一边游览君山岛，亲身体验"白银盘里一青螺"的意境，这有助于我们更好地理解课本里的古诗。

树立保护野生动物的意识：去自然保护区参观也是一件有趣且有意义的事。我们可以看到鸟类迁徙的壮观景象，理解保护野生动物的重要性。

边走边聆听

一日之内景色变化无穷的洞庭湖，本身就带着几分神秘的色彩。现在，就让我们来听一个有关它的传说故事吧！

这个故事要从东海龙王的三公主说起。一日，玉帝做寿，三公主因调皮而在寿宴上失手摔碎了一只珍贵的玉碗。玉帝大怒，于是命令太白金星把三公主带到凡间受苦受难，以示惩罚。

在那时，洞庭湖还是一望无际的八百里平川。平原上住着一户财主，拥有万贯家财。太白金星路过此地，决定让三公主住进他们家。财主见三公主知书达理，就让自己的儿子娶她为妻。

按照当地的风俗，新娘过门三日之后就要下厨做饭，侍奉公婆和丈夫。第四

自然篇

日凌晨,三公主早早起来做饭。她来到厨房,点起了火烛后,发现炉边没有柴草,水缸里没有水,油盐坛子里没有油盐,米桶里只有一点儿发黄的霉米。三公主看了惊讶不已:这家如此富足,为何厨房里是这般模样呢?也许这是故意给自己出难题吧!

于是,三公主到菜园里摘了鲜绿的青菜,去河里捞了肥美的鱼虾,从集市上买来了肉、油盐和干柴。不一会儿,她就做出来一盘盘热气腾腾、色鲜味香的佳肴。做好之后,她先尝了尝,可味道怎么是苦的呢?她百思不得其解,可一想到全家都在等着吃饭,只能略施仙法——她打了个喷嚏,待唾沫星子飞洒在菜肴上之后,菜就不苦了。

这事正好被她的小姑子看见了,吃饭的时候小姑子便向母亲告起了状。婆婆听了十分生气,不但把一桌子菜都掀翻了,还把三公主赶去山上放羊。从这之后,财主家的人就开始虐待三公主,让她干很多又脏又累的活。

三公主托土地给龙王送了一封信,告诉他自己正在人间受苦,请父王来解救她。龙王知道了这件事后很生气,便命令他的弟弟去接回三公主,并且好好地惩罚了财主一家。

少年游中国

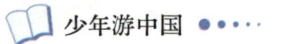

边读边游

岳阳楼

　　岳阳楼紧靠洞庭湖,自古有"洞庭天下水,岳阳天下楼"之誉。岳阳楼的建筑形制独特,风格奇异。其因气势之壮阔、形制之雄伟,成为"江南三大名楼"之一。岳阳楼为四柱三层,飞檐、盔顶、纯木结构,楼中四柱高耸,楼顶檐牙高啄,金碧辉煌,远远而望,恰似一只凌空欲飞的鲲鹏。

　　登上岳阳楼,向远处眺望,洞庭湖一望无际,水天一色,在阳光下泛着粼粼波光,仿佛一只巨大的银盘。湖面上扁舟叶叶,帆影点点。距离岳阳楼不远处便是君山岛,君山岛位于洞庭湖中,岛上一片翠绿,恰如诗句"白银盘里一青螺",十分美丽。

> 岳阳楼的四柱三层结构

▲ 洞庭湖岸风光

君山

在洞庭湖中,有一座四面环水的山,与岳阳楼隔水相望,这就是历代文人喜欢歌咏的君山。在一望无际的湖水之中有这么一处青山,本就清幽神秘,"娥皇女英殉夫""秦皇盖印""汉武射蛟""柳毅传书"等流传许久的神话传说,更是给君山和岳阳楼带来了几分神奇和浪漫。

东洞庭湖

东洞庭湖不仅是泛舟游湖的好地方,也是国家级自然保护区,还是中国湿地水禽的重要越冬地、繁殖地、停歇地,是鸟类的天堂和乐园。每年在这里栖息的雁、鸭等水鸟达数百万只,有白鹤、黑鹳、白鹭等255种国家级保护候鸟在这里越冬,大鸨、白头鹤、鸿雁、小白额雁、青头潜鸭等稀有鸟类也经常在这里嬉戏。

动手动脑

1 思考问题：为什么候鸟要在冬天的时候迁徙到南方？

2 岳阳楼、滕王阁和黄鹤楼并称为"江南三大名楼"，你可以把它们的图片、所在地和古诗文正确地连线吗？

岳阳楼　　江西南昌　　孤帆远影碧空尽，
　　　　　　　　　　　唯见长江天际流。

滕王阁　　湖北武汉　　先天下之忧而忧，
　　　　　　　　　　　后天下之乐而乐。

黄鹤楼　　湖南岳阳　　落霞与孤鹜齐飞，
　　　　　　　　　　　秋水共长天一色。

6 日月潭
宝岛别有洞天
——部编版《语文》二年级（上册）

景点概况　日月潭位于我国台湾省南投县鱼池乡，是台湾省最大的天然淡水湖，四周群山环抱，潭水清澈见底，风景非常优美。潭中拉鲁岛（曾称光华岛）如碧玉浮波，将湖水自然分割：北半湖形如圆日，水色赤红；南半湖状似新月，澄澈如镜，日月潭由此得名。日月潭周长达36千米，平均水深达40米，水域面积达9.4平方千米。这里既有玄奘寺供奉的唐代高僧灵骨，又有青龙山巅慈恩塔的辽宋式飞檐，登塔远眺，湖光山色尽收眼底。湖畔文武庙供奉往圣先贤，涵碧楼则见证了近代历史风云。环湖自行车道风景优美，骑行其间，可见云雾缭绕的茶山、草木茂盛的森林，以及冬季迁徙的30万只候鸟。

少年游中国

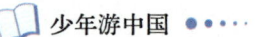

游学目标

了解台湾历史：在日月潭游玩的过程也可以是一次学习之旅。台湾省有着独特的历史，我们可以借此机会了解它的过往，增加我们的历史知识。

了解原住民文化：台湾省是高山族同胞的聚居地，我们要带着尊重去体验他们的民俗文化，并且思考其民俗文化的独特之处。

边走边聆听

关于日月潭，有很多传说，今天我们就来听听其中的一个。相传日月潭的发现归功于一只神鹿。300 年前，当地的 40 个山民在一次集体出猎时发现一只体型巨大的白鹿向西北逃窜，他们尾随追踪那只白鹿，追了三天三夜，白鹿却在高山密林中失去了踪影。

山民们又在山中搜了三天三夜。第四天，他们越过山林，看见在那千峰万岭、翠绿森林的重重围拥之中，一片澄碧湖水正在晴日下静静地闪耀着宝蓝色的光芒，就像纯洁的婴儿甜蜜地依偎在母亲怀中酣睡。山民们又发现，碧水中有个树林茂密的圆形小岛，把大湖分成了两半：一半圆如太阳，水色是赤红色；一半曲如新月，水色清澈碧绿。

于是他们把大湖称为日月潭，把小岛叫作珠仔岛。他们发现这里水足土沃，森林茂密，宜耕宜狩，于是决定全体迁居至此地。环潭一带地方古称水沙连，今属南投县鱼池乡，就是高山族邵族人的聚居地。

少年游中国

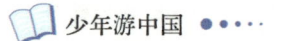

边读边游

孔雀园

孔雀园是环湖公路上的一个迷你动物园,是为衬托日月潭的湖光山色之美而在此地建的公园。该园饲养了200多只孔雀。在园里,我们可以亲手喂孔雀,与孔雀同舞,学习有关孔雀的知识,同时还能看到山鸡、台湾蓝鹊等禽鸟。而在蝴蝶博物馆内,则陈列着中外蝴蝶标本,并附带详细解说,可以让我们增长不少知识。

文武庙

文武庙建于1932年,位于日月潭北面的山腰上,因供奉关帝和孔子、岳飞而得名。庙宇以金黄色为主,巍峨耸立。其形势陡峻,若搭船可泊山麓,循石阶366级而上可登临到达。台阶上刻有366天每日的日期,以及当天出生的名人的名字,值得细细观赏。殿前有双龙弄珠石雕。登上文武庙后殿山坡,可以远眺日月潭美景。

自然篇

九族文化村

　　九族文化村是结合台湾九大原住民族群的文化而打造的主题园区。文化村整体布局以传统村落民居建筑为主，附设仿欧式建筑风格和艺术雕刻的"水沙连丽宫""镭射音乐喷泉"等现代化设施。村内，"山地文物馆"、表演厅、歌剧场等文化、娱乐、生活设施一应俱全，草坪、花园点缀其间，既古朴典雅，又不失现代气息。

拉鲁岛

　　拉鲁岛位于日月潭中央，日月潭胜景"潭中浮屿"中的"浮屿"说的就是拉鲁岛。相传拉鲁岛原是高山族邵人虔信祖灵的一座圣山，邵人在选女巫的时候，必须在黄道吉日到拉鲁岛请示祖灵，得到祖灵的同意后，女巫才能获得资格，日后负起念咒语、主持祭典的重任。

日月潭环抱中的拉鲁岛

动手动脑

1 参观了蝴蝶标本陈列馆之后,你们一定认识了很多中外蝴蝶品种,观察以下图片,认一认这是哪种蝴蝶。

2 在孔雀园里,我们亲眼见识了孔雀开屏的美丽。请你们思考一个问题:孔雀为什么会开屏?

3 你们知道日月潭的名字是怎么来的吗?请用手中的笔,画出日月潭的大概形状吧。

7 西双版纳
神奇多彩的乐土
——部编版《语文》二年级（上册）

景点概况

西双版纳位于云南省傣族自治州。这里以神奇的热带雨林自然景观和少数民族风情而闻名于世，是我国的热点旅游城市之一。穿越野象谷的高空观象栈道，可见三江并流处的云雾林海；踱步中科院植物园，王莲叶片托起孩童的欢笑声；夜幕下的告庄西双景夜市，老挝咖啡的醇香与傣味烧烤的烟火气在星光夜市交织。冬季避寒的旅人，既能在勐腊望天树走廊触摸热带雨林的呼吸，也可在景洪曼飞龙村体验古法制糖的甜蜜。从茶马古道起点易武古镇的陈年普洱，到傣锦上飞舞的孔雀纹样，这片土地始终以"勐巴拉娜西"（理想而神奇的乐土）的魔力，在雨林蒸腾的雾气中，续写着人与自然共生的绿色史诗。

少年游中国

游学目标

了解少数民族的风俗： 西双版纳有很多少数民族，有着独特的风土人情。在旅行过程中，我们要认真听导游或家长给我们讲述这些少数民族的风俗习惯，这样既能欣赏到美丽的自然风光，又能了解到丰富的民族文化。

认识热带动植物： 西双版纳是一个动植物王国，我们可以看到许多独特的热带植物和动物，拓宽自己的视野。

边走边聆听

泼水节是傣族人民的传统节日，关于它的来历又有着怎样的故事呢？下面，让我们一起来听一听吧！

相传在远古的时候，傣族居住的地方常年干旱无雨，庄稼无法种植，人民面临灭亡的危险。一个叫帕雅晚的男人决定想办法去一次天庭，质问天帝为什么不给傣族人降雨。于是他用四块木板做出翅膀，腾空而起，飞向了天庭。

他把人间的情况报告了天帝，天帝马上命人去查明原因。原来是掌管风雨雷电的天神无视天规，不给傣族人民降雨。为了惩罚这个神通广大的天神，天帝扮成一个小伙子潜入了天神的宫里，并把天神如何作恶多端告诉了他的七个女儿。

七位公主一听父王如此对待人间百姓，决定大义灭亲，拯救人类。她们整日在天神面前撒娇，套出了天神的死穴——天神不怕水不怕火，就怕自己头上的发丝。得知这个秘密后，公主们将天神灌得酩酊大醉，趁机剪下他的头发并做成了一把弓箭。

公主们用这把弓箭射下了天神的头颅，可头颅落地后开始不断地喷火，七姐妹不顾安危，把头颅抱在怀里。为了人类的安危，七姐妹只能轮流去抱住这颗会喷火的头颅，直到头颅完全失去生机。七姐妹每轮换一次，便互相泼一次水冲洗身上的污迹，消除魔火的毒害。

从此，傣族便把新历法的六月作为辞旧迎新的节日。人们在欢度新年时相互泼水，以此纪念那七位大义灭亲的善良姑娘，并寓意驱邪除污，寻求吉祥如意。

📖 少年游中国

边读边游

野象谷

野象谷，顾名思义，就是野象生长和出没的地方。在这片郁郁葱葱的热带雨林里生长着繁茂的植物，为野象提供了最适宜生长和繁衍的栖息之地。人们经常能看到野象三五成群地出没在河边、树林或者公路上，互相打闹嬉戏。

此外，这里还有国内第一个人工繁殖和饲养蝴蝶的实验场，游客们可以看到蝴蝶生长的全过程，还可以得到蝴蝶标本作为纪念品哦！

↰ 野象谷的美丽风光

自然篇

> 植物园中的热带植物多种多样

热带植物园

西双版纳没有冬天，植物园内一年四季生机勃勃，上万种热带植物分布在园内的各个角落。品种丰富的热带植物不仅给我们带来了视觉上的享受，也给我们上了一堂意义非凡的植物学课程，让我们在感受自然之美的同时，也能从中领略寓教于游的科普旅游的乐趣。

橄榄坝

橄榄坝的海拔只有 530 米，是西双版纳海拔最低的地方，也是气候最炎热的地方。炎热的气候给橄榄坝带来了丰富的物产，这里热带水果种类繁多，并出产大量的果脯。人们把橄榄坝比作开屏孔雀的尾巴，而橄榄坝上布满了美丽富饶的傣族寨子，就像装点在孔雀尾巴上的闪亮花斑。

橄榄坝里有两个比较大的寨子，一个是曼松满，另一个是曼听。无论你走进哪一个寨子，都会看到典型的缅寺佛塔和传统的傣家竹楼。

▲ 精美绝伦的大佛寺

傣族园

　　傣族园是西双版纳之魂，是西双版纳集中展示傣族历史、文化、宗教、建筑、生活习俗等的民俗生态旅游景区。这里有千年不变的村寨群落、千年积淀的民俗风情、旖旎的亚热带庭院风光，以及花果飘香的世外桃源，素有"孔雀羽翎"之美称。

　　傣族园浓缩了傣民族文化的精华，可谓"一日做客橄榄坝，夜夜梦回傣族园"。

勐泐大佛寺

　　勐泐大佛寺位于西双版纳首府景洪市城郊，是在古代傣王朝皇家寺院景飘佛寺的原址上重建的。大佛寺以佛祖释迦牟尼的生平及佛寺活动为主线，将其巧妙融入景观及建筑群体中，充分展示了南传佛教的历史积淀与传统文化色彩。俯视景洪市区，旖旎的热带风光尽收眼底，非常美丽。

自然篇

动手动脑

1 看图认植物：请观察下列图片，说出它们的名字。

（　　　）　（　　　）　（　　　）　（　　　）

2 在西双版纳，你们感受到了浓郁的傣族风情，还认识了许多热带动植物。你们都了解了哪些关于傣族的知识？请在下面的横线上写出你能回忆到的关于傣族的知识吧。

_____

_____

_____

3 泼水节是傣族的传统节日，是我国少数民族的文化瑰宝。你们能把下列少数民族和他们的传统节日正确地连线吗？

白族	雪顿节
藏族	火把节
彝族	三月街
蒙古族	那达慕

045

8 小兴安岭
松花江畔的山峦

——部编版《语文》三年级（上册）

景点概况

小兴安岭，这片位于松花江以北的独立又独特的山脉体系，坐落在中国黑龙江省伊春市汤旺县的中北部与嘉荫县西南部的交界地带。其西侧与大兴安岭遥相呼应，因而又有"东兴安岭"之称，亦有人称之为"布伦山"。作为东北亚物种基因库，这里有丰富的动植物资源。春日冰凌花破雪绽放时，马鹿群踏着消融的冰河迁徙；盛夏红松林释放的芬多精，在22℃的清凉世界中营造天然氧吧；秋日白桦林挥洒金色诗笺，与枫树、柞树与椴树等共绘"五花山"的斑斓油画；隆冬雾凇凝结的琉璃世界里，紫貂在雪原划出灵动的弧线。2014年全面停止采伐后，这片曾支撑新中国建设的热土，正以95%的森林覆盖率重焕生机。

自然篇

🚩 游学目标

学习关于大自然的知识：在小兴安岭，你们能够实地观察丰富多样的植物群落和珍稀动物，提升自然科学素养，亲身感受森林生态系统平衡的奥秘。

了解人文与自然的故事：聆听伐木工人的故事，不仅可以了解林业发展的历程，还可以体会人类与自然相互依存的关系，进而在自然与人文的交融中收获知识、开阔眼界、磨砺品格。

边走边聆听

在遥远的古代，小兴安岭并非如今这般郁郁葱葱、风景如画。那时，它只是一片荒凉之地，稀疏的树木点缀其间，广袤的土地上满是萧瑟与孤寂。在这片荒凉之中，有一个岩洞，洞内住着一位胖喇嘛与他的徒弟小班达。

胖喇嘛性情暴戾，对小班达极为苛刻。每日天还未亮，胖喇嘛便会对小班达又打又骂，迫使他早早起身，开始一天的劳作。清扫佛洞、焚香上供、挑水生火、煮茶做饭，这些繁重的任务都压在小班达稚嫩的肩上。然而，即便他拼尽全力完成了所有工作，等待他的也只有少得可怜的残茶剩饭。饭后，胖喇嘛还会毫不留情地驱赶他出洞，去野外拾柴。夜幕降临，当小班达背着沉重的柴草、拖着疲惫的身躯回到山洞时，迎接他的往往不是温暖和安慰，而是指责和殴打。

047

少年游中国

  这样的日子，小班达不知过了多久。每当夜深人静，他总会躺在冰冷的石板上，默默流泪，幻想着有一天能够逃离这个地狱般的地方。然而，现实总是那么残酷，他仿佛被无形的枷锁牢牢束缚，无法挣脱。

  直到有一天，小班达像往常一样被胖喇嘛赶出洞去拾柴。当他艰难地爬到半山腰时，突然昏倒在地，不省人事。不知过了多久，他缓缓醒来，发现自己竟然躺在了一座小庙的门前。他挣扎着站起身来，推开庙门，走了进去。

  小庙内昏暗无光，只有几束微弱的光线从破败的窗户缝隙中透进来。小班达环顾四周，只见正面有一个石桌，石桌上放着一个像碗一样的东西。他好奇地走近一看，发现里面竟然盛着一把炒米。饥饿难耐的他，不顾一切地捧起那个碗，将里面的炒米全都倒进嘴里。令人惊奇的是，当他咀嚼完那一把炒米后，再一看那碗里，竟然又生出了一把炒米！

  小班达瞪大了眼睛，简直不敢相信这是真的。他试着又吃了一口，结果碗里的炒米依然不断生出。就这样，他一口接一口地吃起来，直到吃饱为止。而那碗里的炒米，仿佛永远也吃不完似的。他心中明白，自己这是遇到了宝贝，便赶紧将那个宝碗揣进怀里，匆匆离开了小庙。然而，当他走出庙门时，发生了一

件更加不可思议的事情。他的身体突然变得轻如鹅毛,仿佛有什么东西从上方提着他似的,他瞬间向上飘了起来。眨眼间,他飘过了深涧,飘回到了他居住的山洞附近。

此时,夕阳西下,天色已晚。四周一片寂静,只有胖喇嘛那如雷般的怒骂声不断从洞口传来。小班达心中一紧,生怕被胖喇嘛发现宝碗。他赶紧就地挖了个坑,将宝碗埋了进去,然后拔了一棵小松树插在上面作为标记。做完这些后,他飞快地跑回了山洞。

胖喇嘛见小班达回来,更是怒火中烧。他一边责骂一边殴打小班达,仿佛要将所有的不满都发泄在他身上。然而,小班达只是默默地忍受着这一切,因为他知道,自己已经找到了逃离苦海的机会。

第二天清晨,小班达忍痛起身,像往常一样开始干活。然而,当他走出洞口向外一看时,惊讶地发现四周的山上竟然一夜之间长满了高大的松树!就连原本兔子走路的小径也都被茂密的松林覆盖了。

小班达心中暗自欢喜,他知道这是宝碗带给他的奇迹。他趁胖喇嘛不注意,悄悄地钻出了密林。经过几天几夜的奔波,他终于平安地回到了家乡,与亲人们团聚了。

而胖喇嘛呢？他那天夜里因为打骂小班达睡得过晚，直到第二天晌午才懒洋洋地爬起来。他发现小班达不在洞里后，便大声呼喊，吆喝了好几声也不见小班达答应，只好走出洞去寻找。当他走出洞门时，只见漫山遍野长满了松树，小班达早已消失得无影无踪。

胖喇嘛挣扎着想要钻出密林去搜寻小班达，然而由于他体大身肥，怎么挤也挤不出去。最后，他只能绝望地坐在原地，等待着死亡的降临。几天后，当人们发现他的尸体时，他已经饿得皮包骨头。他双眼紧闭，面容扭曲，仿佛还在为失去徒弟而愤恨不已。

自那以后，小兴安岭仿佛被施了魔法一般，开始迅速生长出茂密的松林。那些原本稀疏的树木逐渐被高大的苍松翠柏取代，整个山岭仿佛铺上了一层厚厚的绿色地毯。随着时间的推移，这些松树越长越茂密，最终形成了浩瀚无边的林海。

这片林海不仅是大自然的瑰宝，也造福了当地人民。他们在这片茂密的森林中采集山珍、狩猎捕鱼、伐木建房，过着自给自足的生活。每当人们漫步在这片林海之中时，总会想起勇敢的小班达和他那个神奇的宝碗。他们相信，是小班达的善良和勇敢为这片土地带来了生机与活力。

边读边游

平顶山

平顶山距离桃山镇约40千米，其山势走向是东南—西北，绵延10千米，如同一道天然的屏障，将周边的风景分割成一幅幅动人的画卷。从新兴林场出发，驱车约12.5千米，或从奋斗林场前行9千米，便可逐渐感受到平顶山的雄浑与壮美。随着海拔的逐渐升高，空气越发清新，山林间的鸟鸣虫唱交织成一曲自然界的交响乐，

让人心旷神怡。

平顶山之所以得名,皆因其山顶部分异常平坦,仿佛是大自然用神奇之手将这座山峰的顶端抚平,展现出一种别样的平和与宁静。站在山顶,放眼望去,四周群山环抱,云雾缭绕,令人仿佛置身于仙境之中。而更令人称奇的是,由于山势较高,山顶的植物受到了紫外线的影响,大多呈现出低矮匍匐生长的态势,形成了一片独特的生态景观。其中,偃松以其坚韧不拔的生命力,成为山顶植被的代表,它们在寒风中挺立,展现出生命的顽强与不屈。

观音山

观音山,海拔319.6米,占地面积达28平方千米,其名字背后蕴含着两段流传已久的传说。一种说法是,因昔日山巅之上建有观音庙,香火鼎盛,信徒络绎不绝,故而此地得名"观音山"。而另一种更为生动的传说是,从远处眺望此山,山体宛如一尊庄严的观音菩萨,面向南方,静静守护着这片土地,因此得名"观音山",并被誉为"佛山"。这两则传说,为观音山增添了几分神秘与神圣的色彩。

观音山山势自南向北逐渐升高,宛如一条巨龙腾空而起,气势磅礴地冲向黑龙江畔。临江之处,群峰耸立,高度均在300米左右,形成了一道天然的屏障,守护着这片宁静的土地。乘船漫游于黑龙江之上,凭栏远眺,观音山的轮廓在晨光或暮色中若隐若现,山峰宛如一把巨大的椅子,而椅子上似乎真的端坐着一位慈悲的观音,静静地俯瞰着世间万物,给予人们无尽的安慰与力量。

亮子河母树林林场

亮子河林场，顾名思义，其名称源自其地理位置——亮子河的上游地带。自1961年建立以来，这片林场便隶属黑龙江省防护林研究所，成为研究与保护森林生态的重要基地。场区地势如同一幅精心布置的梯形画卷，缓缓展开，最高点海拔达741米，既赋予了这里壮丽的山川景色，也孕育了多样的生物群落。

走进亮子河林场，仿佛踏入了一个远离尘嚣的绿色世界。全场总面积达10.7万亩，其中林地占据了绝大部分，约达10.3万亩，林木蓄积量高达87万立方米。在这片浩瀚的林海中，红松母树林尤为引人注目，它们不仅是这片土地的守护神，更是自然界的珍贵遗产，其林木蓄积量约1.6万立方米，每一棵红松都仿佛在诉说着岁月的故事，让人不禁肃然起敬。

在观赏区，游客可以沿着蜿蜒的小径，穿梭于茂密的林间，感受阳光透过树叶照出斑驳陆离的光影，聆听鸟鸣虫唱的自然交响乐。春天，万物复苏，嫩绿的新芽与绚烂的花朵交织成一幅生机勃勃的画卷；夏日，绿意盎然，凉爽的微风轻轻拂面，是避暑纳凉的好去处；秋季，枫叶如火，层林尽染，形成一片金黄与火红交织的壮丽景象；冬日，银装素裹，雪覆青松，宁静而祥和，仿佛整个世界都被净化了一般。

> 亮子河林场中郁郁葱葱的树木

动手动脑

1 亮子河林场的总面积约为 10.7 万亩，其中林地面积约为 10.3 万亩。请问，林地面积占林场总面积的百分比是多少？（结果保留到整数位）

2 反复阅读小兴安岭胖喇嘛与小班达的传说，根据你的理解续写这个故事。

9 鸟的天堂

人来鸟不惊

——部编版《语文》五年级（上册）

景点概况

"小鸟天堂"亦称"鸟的天堂"，是一处主打鸟类自然景观的旅游胜地，它融合了生态游、文化游、健康游及休闲游等多种旅游体验。这片沙洲湿地，以"一树成林"的奇观撑起约20亩的绿穹，气生根交织的森林中栖息着上百种鸟类，每日数以万计的鹭鸟在此上演"朝出暮归"的生命轮回。1933年盛夏，巴金先生乘舟探访时惊叹"这美丽的南国的树"，其散文名篇让这方秘境从此被载入华夏文学史册。现代科技赋能下，生态监测系统实时追踪鸟类动态，环河绿道串联起湿地科普馆与观鸟秘境，让这座全球重要湿地遗产，在保护与传承中展现生态传奇。

自然篇

游学目标

观察壮观的自然景象：在"鸟的天堂"，可以目睹万鸟齐飞的壮观景象，深入了解不同鸟类的习性与生态，提升生物知识储备和自然观察能力。

提升感悟文学的能力：通过感受巴金笔下的美景与现实的交融，增强文学鉴赏力和对文字的感知力。

学习人与自然如何和谐共处：在与当地居民的交流中，可以知晓他们与鸟类和谐共生的故事，培养生态保护意识和社会责任感，为成长增添一抹亮丽的色彩。

边走边聆听

"鸟的天堂"所在的村子——天马村，几乎是一个完全基于血缘关系形成的村落。400多年以前，陈氏家族选择此地作为他们的聚居地。根据天马村陈氏的家谱记录，1618年，随着天马村人口的增加，生活用水变得匮乏，村民们便在村落前方开凿了一条河流，将其命名为"天马河"。为了防范水患，村民们在河中筑起土墩来阻挡水流，而在工程结束后，有位村民不经意间将一根榕树枝插在了堆砌起来的土墩之上。

这根榕树枝竟奇迹般地生根发芽，渐渐长成一棵枝丫繁茂的巨大榕

055

树，吸引了成千上万只鸟儿前来栖息繁衍。自那以后，天马村的人口一直保持着繁荣兴旺。村里流传着一条祖训，要将这棵古老的榕树视为"神树"，而那些栖息的鹭鸟则被视为"神鸟"。

　　天马村的村民们铭记着祖先的教诲，严格遵守着乡村的规矩，对"爱护鸟类与树木"抱有深深的敬畏与责任感。据老一辈的村民讲述，即使是在食物极度匮乏的困难时期，天马村的人也没有捕捉鸟儿来充饥。如果有人在市场上贩卖鹭鸟，尽管价格高昂，村民们看到后也会毫不犹豫地购买并将其放归自然。

美丽的鹭鸟有没有吸引到你呢？

▲ 悠闲自得的飞鸟

边读边游

鸟趣园

　　鸟趣园占地广阔,达 3000 平方米,专为游客提供亲密喂鸟与观鸟体验。为了让众多游客亲眼见证"百鸟之王"的非凡魅力,园区精心引入了雄性孔雀。这些孔雀在开屏之际,身体轻颤,浑身羽毛闪耀着璀璨的宝蓝色光泽,尾羽猛然挺立,缓缓铺展,宛如一幅直径超过 2 米的绚烂扇形画卷,美不胜收。尤为珍贵的是,园中还栖息着一只极其稀有的白孔雀,它身披一袭洁白无瑕的羽毛,拖曳着如霜如雪般绵长的尾屏,全身纯净无杂,犹如自冰雪王国悠然降临的神圣之鸟,尽显高雅非凡之姿。

少年游中国

生态馆区

"鸟的天堂"设立有两座生态展览馆,总面积接近 800 平方米,其设计理念摒弃了传统的展示方式,巧妙融合了声音、光线、电力以及开放式布局,旨在为访客营造出身临其境的自然体验。具体而言,生态 A 展区(一号展厅)着重展现生态保护与人文叙事;而生态 B 展区(二号展厅)则利用光影效果、动画演示及互动设施,有效激发小朋友们的学习热情与好奇心。

似曾相识燕归来

鸟博馆

鸟博馆占地广阔,达 1500 平方米,是一个融合了鸟类知识介绍、精美图片展示、珍贵标本收藏、人鸟互动体验、高科技远程观鸟及鸟类繁殖观察的综合型科普展馆。为了进一步提升游客的观赏乐趣与参与感,该博览中心内精心打造了一个雀鸟表演场。这里汇聚了超过 20 种经过专业训练的雀鸟,它们能进行诸如骑自行车、玩转彩球、钢丝漫步、篮球投篮、智力拼图挑战以及高空叼币等精彩纷呈的表演,每日上演 10 场次,每场持续 30 分钟。这些小鸟以其拟人化的表现与憨态可掬的模样,不断为观众带来欢声笑语。

自然篇

动手动脑

1 请你在游览"鸟的天堂"后，仿照课文第 12~13 自然段的写作手法写一篇游记。

_____

_____

_____

_____

2 为下图中的孔雀涂上你喜欢的颜色。

10 珠城
南国的海风
——部编版《语文》三年级(上册)

景点概况

北海市是广西壮族自治区的一个地级市,有"珠城"之美誉,是北部湾城市群和广西北部湾经济区的重要组成部分。

北海市成立于1926年。这里曾是古代"海上丝绸之路"的重要港口,也是我国早期对外通商的口岸之一,历史上一直是云、贵、川、桂、湘、鄂等省份与海外进行商品交易的重要集散地。此外,北海还是一座历史文化名城,它是我国首批进一步对外开放的14个沿海城市之一,而且是我国西部唯一同时拥有深水海港、全天候机场、高速铁路和高速公路的城市。北海曾入选"中国最宜置业百佳县市",是"中国十大秀美之城"之一。

····● 自然篇

🚩 游学目标

了解海洋文化：在珠城，你们将深入了解独特的海洋文化，知晓珍珠养殖、采撷的传统工艺，拓宽文化视野，提升对传统文化的认知。

参观现代化港口：参观现代化的港口和渔业基地，你们将明白海洋经济的重要地位，培养经济与地理结合的综合思维。

体验当地活动并培养交流能力：品尝当地特色美食，体验海滨民俗活动，可以增强你们对不同地域生活方式的理解，锻炼你们的人际交往能力。

边走边聆听

尽管林遐对广州怀有深厚的情感，甚至在散文《赞美》中深情地称广州为"我的第二个故乡"，但广州并非我们探寻的终极答案，原因在于它并不符合文中所述的"小"城标准。直接通过作者本人的言语寻找线索似乎走进了死胡同，于是我们转而探索他的作品集。《山水阳光》《撑渡阿婷》以及1959年12月问世的《风雷小记》等，均为林遐散文的代表作。在《风雷小记》中，一篇题为《海滨城市》的文章描绘了渔民们从海上归来，沐浴着夕阳余晖进入城市的情景："……渔民们才从海上回来，就在太阳西斜的当儿进城来了。他们的身上还散发着海洋的咸味，他们的面孔、胳臂、胸膛，曾浴过北部湾的雨，栉过北部湾的风，晒过北部湾的太阳。浑身上下都泛着健康的古铜色，只有牙齿是白的，眼球是白的……"

这些渔民来自北部湾渔场，是否意味着这座城市就是湛江？实则不然。回顾课文起始处的"我的家乡在广东，是一座海滨小城"，这句话实为教材编者所加，并非林遐原文。若依此逻辑，理应明确指出家乡为广东的某一具体地点，

061

而非笼统言之。难道这是编者有意设下的谜题？

　　林遐的作品以随笔居多，且习惯于在每篇作品中注明写作地点。《海滨城市》便是他于 1957 年 5 月在北海创作的，因此，这座小城实指北海。至于编者添加的那句略显突兀的话，或许是因为在林遐写作之时，北海尚属广东管辖，而在教材编纂之时，北海已划归广西。故而，编者只能含糊其词，以"我的家乡在广东"一笔带过。

　　北海，其归属地曾在历史长河中有过变迁。1955 年，北海划归广东省；1965 年，北海市重归广西壮族自治区。因此，在林遐撰写该文章之际，北海仍隶属广东。而教材编纂之时，这一历史背景的变化导致了编者的无奈之举。

自然篇

边读边游

北海海洋之窗

　　北海海洋之窗博览馆坐落于北海市四川南路的中部区域，占地面积达 2.1 公顷，建筑面积达 18100 平方米。该博览馆集成了活体珊瑚展示、航海历史与文化、高科技手段营造的无水水族馆和壮观的巨型圆缸景观，以及引人入胜的 4D 动感电影等多个部分，构成了一座全面而丰富的海洋主题综合性博览空间。

少年游中国

涠洲岛

涠洲岛坐落于广西北海市的正南方向、距其约为21海里的海域，距离北海市区大约36海里。这座岛屿的独特之处在于，它是由火山喷发的堆积物和珊瑚的沉积作用共同塑造而成的，这种自然的融合让岛屿的南部显得高耸陡峭、充满险峻之美，而北部则展现出一种宽广平坦、宁静祥和的风貌，形成了鲜明的对比。此外，岛屿周边的海水清澈见底，呈迷人的碧蓝色。

北海园博园

北海园博园围绕"花海丝路，绿映珠城"的主旨设计，坐落于广西北海市南珠大道东侧与银滩大道北侧交会处，作为2014年第四届广西园博会的举办场地，它构成了城市绿色心脏的关键部分，涵盖了一个主园区和两个副园区，总占地面积约298公顷，被纳入城市绿地规划体系之中。园博会的规划涵盖了室外展区（广西各市的城市园林、东盟十国的特色园林、杰出园林设计师的作品展示区以及企业盈利性质的园林展示等）与室内展区（园林规划创意、植物新品种、花卉艺术、盆景、插花技艺、书画摄影作品、观赏石等），并配套举办了一系列与园林园艺相关的活动。

水平如镜的涠洲岛

▲ 星岛湖中的小岛

星岛湖

　　星岛湖旅游区是基于洪潮江水库的开发而兴起的一处内陆湖泊休闲胜地，覆盖了广阔的水域，总面积达 6600 公顷。在这片波光粼粼的湖面上，点缀着 1026 个岛屿，它们宛如夜空中的点点繁星，"星岛湖"这个独特的名字由此而来。

少年游中国

动手动脑

1 你知道图中展示的海洋生物的名字吗？请试着写在图片下方的括号里。

（　　　　）　　　　（　　　　）

（　　　　）　　　　（　　　　）

2 作家笔下的海滨小城多么美丽啊，请你也写一写自己的家乡吧。

_____

_____

_____

_____

人文篇

子曰:"有朋自远方来,不亦乐乎?"不管是好客的孔子,还是送别故人的孟浩然,还是"低头思故乡"的李白,皆是借景抒情,以诗抒情。每一首朗朗上口的诗词背后,往往都有一段感人肺腑的故事和一处风光旖旎的景色。

1 李白故里

低头思故乡

——部编版《语文》一年级（下册）

景点概况

青莲镇位于四川省江油市，是一座历史文化名镇，唐时因境内有河流濂水，水质清澈，故名"清濂"，后因李白号"青莲居士"，为了纪念他而更名为"青莲"。境内地形以浅丘平坝为主，且有天宝山、太华山和林木苍翠的红岩山，山环水绕，风景秀丽。漫步青莲镇，陇西院的太白手植银杏已亭亭如盖，太白祠内的宋碑明匾承载着历代文人的追思。磨针溪畔，"铁杵磨针"的启蒙传说仍在清泉石上流淌；登上天宝山太白楼极目远眺，可见诗仙笔下"樵夫与耕者，出入画屏中"的田园画卷；浅丘梯田层叠如浪，明清古桥跨溪而卧，300余亩的太白碑林以87方历代碑刻，镌刻着跨越千年的诗意对话。

人文篇

游学目标

培养自身毅力：在李白故里，你们将了解到李白"铁杵磨成针"的故事，懂得"冰冻三尺，非一日之寒"的道理——做事得有毅力和耐力，不能半途而废。

深刻感悟思乡之情：来到李白的故乡，若走访他幼年求学的私塾，你们便能亲身体会他写《静夜思》时的思乡情切。

边走边聆听

后世人尊称大诗人李白为"诗仙"。他学识渊博，才华横溢。可相传他小时候是个不喜欢读书的顽童。一天，他趁教书先生不在私塾，偷偷地放下书本，溜出门玩去了。

他边走边玩，走到了山下的小河边，见小河边有位老婆婆正在石头上费力地磨一根铁杵。李白很好奇，就上前问道："老婆婆，您磨铁杵做什么？"

老婆婆说："我在磨针啊。"

李白大吃一惊地问："哎呀！这么粗的铁杵，怎么可能磨成又尖又细的针呢？"

老婆婆慈祥地笑着说："只要我天天磨，就能把铁杵越磨越细，还怕磨不成吗？"

聪明的李白听到这番话，立刻想起自己，他心中很是惭愧，觉得自己不该因为读书辛苦就放弃，于是转身跑回了私塾。从此，他记住了"只要功夫深，铁杵磨成针"的道理，开始发奋读书。最终功夫不负有心人，李白成了一代大文豪、大诗人。

069

▲ 你们也想像"诗仙"李白一样乘舟游玩吗?

边读边游

太白祠

  太白祠是为纪念李白而建的祠堂，祠堂大门口有一副楹联，上书"盛唐诗酒无双士，青莲文苑第一家"。进入大门之后是一座院子，有一条小径直达大厅，进入大厅参观就可以看到保存完整的李白遗迹和画像等。

  1989年以来，在原太白祠的大门外，先后兴建了双重檐李客亭、泮池、小桥、白玉堂、东西配殿等仿唐建筑，原太白祠与新建李白纪念体系建筑相得益彰，融为一体，是李白故居青莲镇颇具规划、保存较为完整的一处文物名胜。

人文篇

陇西院

陇西院的得名来源于李白的出生地陇西。李白5岁时跟随父亲李客迁居蜀地清濂，陇西院就是李白全家居住的地方。

陇西院最初建于唐朝，后于明朝末期被烧毁，现在保留的是清朝乾隆年间建造的院落。陇西院整体建筑呈现清代的风格，以老北京的四合院建筑为主体。

陇西院内，有一座清朝乾隆年间遗留下的四合庭院，宽敞简洁，满目苍翠。横额上的"清新俊逸"四字出自杜甫的诗《春日忆李白》。

再往院子里面去，是宽敞的内院，为典型的清代四川民居。三个天井使得院内的光线非常充足。宽敞的古式正厅里，供奉着李氏三位声名显赫的先祖：老子李耳、"飞将军"李广、唐太宗李世民。

潺潺溪流

磨针溪

在前面，我们读到了"铁杵磨成针"的故事，明白了"功夫不负有心人"的道理。那么来到李白故里，当然不能忘记去参观当时老婆婆磨铁杵的小溪了。

后世人为纪念这个典故，将小溪命名为"磨针溪"，就位于陇西院的附近，参观完陇西院就可以步行前去了。

磨针溪不仅仅是一条小溪，1984年，为方便游人参观和保护环境，人们在小溪的上方建造了一座八角亭和一座石桥。站在石桥上，可以俯身欣赏"小桥流水人家"的美景。

太白碑林

太白碑林是李白故里的人们为了弘扬李白文化、使全国人民对李白诗歌有更深入的了解，而特别建造的名胜古迹。太白碑林以李白诗歌为主线，由现代书法名家书写李白诗歌，以艺术碑林为载体，再现李白诗歌艺术。太白碑林将诗歌艺术、书法艺术与园林艺术有机结合起来，形成了一座特色鲜明的主题公园。

碑林根据李白诗风的脉络，分为"李白诗精品园""清风明月园""故园山水园""磨针寻梦园""诗仙醉酒园"五大部分，约有 2000 件作品。

李白纪念馆

李白纪念馆内的李白雕像

在李白漂泊的一生中，故乡的一草一木都成为令他魂牵梦绕的记忆。1962 年，故里人民开始筹建李白纪念馆。1982 年，这所融观光旅游、学术研究、陈列收藏、旅游服务为一体的名人博物馆正式开馆。

纪念馆内建筑都是仿唐朝风格而建的，规模宏大、古朴雄伟。大门由郭沫若题匾，进门是一堵照壁，上面的镏金大字则是邓小平的题字。转过照壁，是纪念馆里最宏伟气派的建筑——太白堂，里面陈列的主要是一些名人纪念李白的题字题词。

人文篇

动手动脑

1 拼诗游戏：下面的诗句都节选自李白的诗词，请你们将上下两句正确连线。

日照香炉生紫烟　　　　　不及汪伦送我情

两岸猿声啼不住　　　　　遥看瀑布挂前川

花间一壶酒　　　　　　　独酌无相亲

桃花潭水深千尺　　　　　恐惊天上人

我寄愁心与明月　　　　　轻舟已过万重山

不敢高声语　　　　　　　随君直到夜郎西

2 小明是太白碑林的工作人员。一天，他发现碑林上的诗突然少了几句，你们可以帮小明把诗补全吗？

（　　　），（　　　）。
又疑瑶台镜，飞在青云端。

天门中断楚江开，（　　　　）。
两岸青山相对出，（　　　　）。

（　　　），（　　　）。
相看两不厌，只有敬亭山。

073

2 娲皇宫
天造地设之境
——部编版《语文》四年级（上册）

景点概况

娲皇宫是我国最大且最早的奉祀上古天神女娲氏的古代建筑，是北齐文宣帝高洋往返于邺城至晋阳所建的又一离宫，位于河北省涉县唐王峧山腰，相传是女娲炼石补天、抟土造人之处。这里群山叠翠，流水环绕，风景秀丽，为涉县古八景之一，是远近闻名的旅游胜地。每年农历三月十八女娲诞辰，信众汇聚于此，社火巡游、拴娃娃祈福等古老民俗在补天广场重现。铜鼎内千年不熄的香火，串联起北齐皇家祭祀与民间信仰的血脉。当晨曦穿透云层折射出七彩光晕，当暮鼓声在凤凰山巅回荡，这座集建筑奇观、宗教艺术、神话传说于一体的文化活化石，仍在续写着中华民族"龙的传人，凤的子孙"的永恒篇章。

人文篇

🚩 游学目标

学会保护环境和珍爱生命： 学习"盘古开天辟地""女娲造人"的故事时，要懂得保护环境、珍爱生命，明白我们的大地和生命来之不易。

尊重祖先： 来到娲皇宫旅行并拜见女娲时，要学习尊重祖先，感受这些古老故事的魅力，明白我们从哪里来，这样才能更好地珍惜现在。

边走边聆听

盘古开辟了天地，他的身躯化作了日月星辰、山川草木。那残留在天地间的浊气慢慢化作虫鱼鸟兽，为这死寂的世界增添了生气。

这时，有一位女神女娲，在这莽莽的原野上行走。她放眼四望，天上百鸟飞鸣，地上群兽奔驰，水中鱼儿嬉戏，草中虫豸跳跃，这世界按说也点缀得相当美丽了。但是她总觉得有一种说不出的寂寞，越看越烦，孤寂感越来越强烈，连自己也弄不清楚这是为什么。

她茫然坐在一个池塘旁边，看向池塘中自己的影子。她突然觉得心头的疑惑解开了。是呀！为什么她会有那种说不出的孤寂感？原来是世界上缺少一种像她一样的生物。

想到这里，她马上用手在池边挖了些泥土，和上水，照着自己的影子捏了起来。

075

少年游中国

　　捏着捏着，捏成了一个小小的东西，模样与女娲差不多，也有五官七窍、双手两脚。捏好后往地上一放，它们居然活了起来。女娲一见，满心欢喜，接着又捏了许多。她把这些小东西叫作"人"。

　　这些"人"是仿照神的模样造出来的，气概、举动自然与别的生物不同，居然会叽叽喳喳讲起和女娲一样的话来。他们在女娲身旁欢呼雀跃了一阵，慢慢走散了。

　　女娲那寂寞的心一下子热乎起来，她想把世界变得热热闹闹，让世界到

人文篇

处都有她亲手造出来的人，于是不停工作，捏了一个又一个。但是世界毕竟太大了，她工作了许久，双手都捏得麻木了，捏出的小人分布在大地上仍显得太稀少。她心想这样下去不行，就顺手从附近折下一条藤蔓，伸入泥潭，蘸上泥浆向地上挥洒。结果点点泥浆变成一个个小人，与用手捏成的模样相似，这样一来速度就快多了。女娲见新方法奏了效，越洒越起劲，大地上便到处都有了人。

这就是"女娲造人"的故事。

少年游中国

边读边游

娲皇宫

娲皇宫楼阁共为三层：一层名为"清虚阁"，二层名为"造化阁"，三层名为"补天阁"。九根铁索将楼体系在崖壁的八个"拴马鼻"上。因为三座阁楼紧紧依偎着悬崖，脚下没有浑厚的根基，所以当楼上站满人后，楼身就会前倾，给人颤颤悠悠的感觉，人们因此称之为"活楼""吊庙"。

摩崖刻经

在娲皇古迹之文物中，摩崖刻经最为珍贵，有较高的历史和艺术价值，为此处古迹之精髓，也是北齐文化的一个缩影。摩崖刻经共分五处，镂于崖壁。通过内容可以看出，娲皇古迹始于崇佛刻经，而后才立庙拜神，这也体现了汉民族文化心理的特点，即崇佛与崇神并举的多种崇拜的宗教观念。所以，从摩崖刻经到娲皇古建也是我国本土文化与外来文化相结合的一个形象的见证。

摩崖刻经是我国乃至全世界佛教典籍中弥足珍贵的文化遗产，具有极高的研究价值，被誉为"天下第一壁经群"。

动手动脑

1 捏泥人：看完了"女娲造人"的故事，你们想不想自己亲手捏泥人呢？找齐下面的材料，试着捏泥人吧！

材料：
（1）一小桶黏土。
（2）一把小刻刀。
（3）若干颜料和一个调色板。

步骤：
（1）用黏土捏造出你想要的泥人形状。
（2）用小刻刀在泥人头上雕刻出五官。
（3）把完全做好的泥人拿到阳光下晒干。
（4）最后给晒干的泥人涂上你喜欢的颜色。

2 搜集故事：除了"女娲补天"和"女娲造人"的故事之外，女娲还有很多其他的故事，请你们搜集其他关于女娲的故事，并讲给父母或者小伙伴听吧！

3 鲁迅故居
"民族魂"的印迹
——部编版《语文》六年级（上册）

景点概况

在绍兴古城东昌坊口的幽深巷陌中，占地4000平方米的鲁迅故居静卧于青石板路旁。这座始建于清嘉庆年间的江南台门建筑群，不仅是周氏家族祖宅，更是中国现代文学巨匠鲁迅（周树人）的诞生地与精神启蒙地。1881年9月25日，鲁迅在德寿堂西次间呱呱坠地，直至1898年赴南京求学，十八载光阴在此镌刻下从百草园到三味书屋的成长轨迹。中华人民共和国成立后修缮并成立了鲁迅纪念馆，1988年国务院公布为全国重点文物保护单位。如今的鲁迅故里历史街区，咸亨酒店的曲尺柜台前仍飘散着茴香豆的香气，土谷祠的戏台上社戏锣鼓与越剧唱腔交替上演。每年鲁迅诞辰日，全球文学爱好者聚于风雨亭诵读《野草》，黄酒封坛仪式与版画拓印体验让经典文本焕发了新生。

人文篇

游学目标

学会人不可貌相的道理：参访鲁迅故居时，我们会听到"鲁迅先生理发"的故事。这个故事告诉我们不能以貌取人，"人不可貌相，海水不可斗量"，要平等待人。

学习鲁迅的学习精神：鲁迅自幼爱读书，这种精神值得我们学习。从鲁迅的故事里汲取做人做事的道理，学习鲁迅精神，这会让我们变得更加成熟和有素养。

边走边聆听

鲁迅先生在厦门大学教书的时候，有次去一家理发店理发，理发师不认识鲁迅，见他衣衫简朴，心想他肯定没几个钱，理发的时候也就一点儿也不认真。对此，鲁迅先生不仅不生气，反而在理发后极随意地掏出一大把钱给了理发师。他付的钱远远超出了应付的金额，理发师很高兴，脸上堆满了笑意。

过了一段日子，鲁迅又去理发，理

少年游中国

发师见到他很高兴，立即拿出看家本领来为他理发，满脸的谦恭，细心地理发。不料这一次，鲁迅并没有再显得豪爽，而是掏出钱来一个一个地数给理发师，一个子儿都没多给。

理发师很不解地问："先生，您上回那么大方地给钱，今天怎么这样给？"

鲁迅笑了笑回答："您上回马马虎虎地理，我就马马虎虎地给；这回您认认真真地理，我就认认真真地给。"

理发师听了之后大为窘迫，连声道歉。

边读边游

鲁迅故居

鲁迅故居是鲁迅出生的地方，在这里，鲁迅度过了他的童年和少年时代。鲁迅故居是一座两层的中式楼房，故居内的一些陈列还是按照当时的原样摆设，甚至许多物品都是当年的原物。通过参观鲁迅故居，我们能很好地了解鲁迅小时候的生活环境，这对今后进一步地了解鲁迅的作品有很大帮助。

▲ 鲁迅幼年就读的三味书屋

三味书屋

鲁迅说过:"孔孟的书我读得最早,最熟,然而倒似乎和我不相干。"然而尽管如此,鲁迅对三味书屋仍留下非常深刻的记忆,在《从百草园到三味书屋》一文中对它做了生动、细致的描绘。

三味书屋距今已有一个多世纪的历史,但保存得十分完好。房子、桌椅、匾额、对联等大多都是当年的原物。书屋的正上方悬挂着"三味书屋"的匾额,"三味"的意思是"读经味如稻粱,读史味如肴馔,诸子百家味如醯醢"(xī hǎi,"醯"指醋,"醢"是鱼、肉做的酱,"醯醢"泛指调料的意思)。

鲁迅的座位最初在书屋的南墙下,由于别人常进出后园、走来走去,影响他学习,他就要求老师更换位置,把座位移到东北角。鲁迅使用的是一张两抽屉的硬木书桌,桌面右边有一个一寸见方的"早"字,是鲁迅当年刻下的。一次,鲁迅因故迟到,受到塾师的严厉批评,于是就刻下了这个"早"字,用以自勉。

少年游中国

百草园

鲁迅曾经回忆说："我家的后面有一个很大的园，相传叫作百草园。……其中似乎确凿只有一些野草；但那时却是我的乐园。"

百草园的名字虽然很雅致，但其实只是一个普通的菜园，平时种一些瓜菜，秋后用来晒稻谷。童年鲁迅经常和小伙伴们来到百草园中玩耍嬉戏，捉蟋蟀、玩斑蝥、采桑椹、摘覆盆子、拔何首乌，夏天在树荫下乘凉，冬天在雪地里捕鸟。

由此可见，一个普通的菜园也给鲁迅先生留下了深刻的童年乐趣，那它肯定有着迷人的魅力。

▼ 富有生活气息的百草园

鲁迅笔下风情园

鲁迅笔下风情园依次设立"绍俗祝福""越俗漫话""迎神赛会""男婚女嫁"几个主题陈列馆。

第一进为"绍俗祝福"。祝福是绍兴旧时新年的一种风俗习惯。大厅内墙上花窗的花格用"祝福"两字，用以点明陈列主题，墙壁上挂着一幅幅绍俗版画。

第二进为"越俗漫话"。主要以丰子恺的漫画配合周作人的亲笔题诗，以木版雕刻的形式展现绍兴的民俗。

第三进为"迎神赛会"。主要以大型微缩景观的展示方式配以简明的历史渊源说明，在有限的空间里尽量地展现"迎神赛会"的壮观场面。

第四进为"男婚女嫁"。主要以彩塑的形式展示婚礼、洞房、迎亲等场景。正厅为婚礼场景彩塑造型，充分体现了绍兴特有的喜庆风俗。同时在骑楼侧厢房设置花雕酒制作演示区，使游客能直观地了解绍兴花雕酒的制作过程及女儿酒的简史。

人文篇

动手动脑

1 填写名人名言：鲁迅先生留下了不少广为流传的名人名言，请你们补全下列名言吧！

（1）横眉冷对千夫指，（　　　　　）。

（2）哀其不幸，（　　　　　）。

（3）度尽劫波兄弟在，（　　　　　）。

（4）（　　　　　），怜子如何不丈夫。

（5）不在沉默中爆发，（　　　　　）。

（6）谦以待人，（　　　　　）。

2 通过阅读文章，你们知道三味书屋的"三味"是什么意思吗？请写出"三味"指的是哪三味，同时写下你自己读书时的感受。

_____

_____

_____

_____

085

4 开封
北方水城古都
——部编版《语文》三年级(下册)

景点概况

开封位于河南省,古称东京、汴京(亦有大梁、汴梁之称),简称汴,有"八朝古都"之称。开封是《清明上河图》的原创地,是世界上唯一从未变动过城市中轴线的都城,"城摞城"在世界考古史和都城史上是绝无仅有的。北宋东京开封是当时世界最繁华、面积最大、人口最多的大都市。

今日的开封,正以"考古+文旅"的创新模式唤醒沉睡的文明基因。清明上河园年接待游客600万人次,以沉浸式实景再现汴梁风华。州桥遗址博物馆透过25米宽的探方剖面,展示唐宋至明清汴河的变迁。在鼓楼夜市的杏仁茶与羊肉炕馍的香气中,黄泛区古城完成从"经济洼地"到"文化高地"的涅槃。

游学目标

了解北宋开国历史：当你们来到北宋国都开封旅游时，可以了解到北宋的开国历史，这是一个学习的好机会。

欣赏中轴线古都建筑：开封的中轴线从古至今都未曾变动过，那里有展现古代中轴线建筑理念的绝佳建筑，值得欣赏。

边走边聆听

古时候，开封城夷山上有一个井口大的泉眼，"咕嘟咕嘟"地直往外冒水，日夜不息，淌出来的水十分浑浊，又咸又涩。城里本来就地势低洼，加上污水横流，可把老百姓给坑苦了，百姓饱受泥泞之扰、疫病之灾。

全城百姓都想不出办法来堵住这个泉眼。正在百姓一筹莫展的时候，一连几夜古城上都响彻着"造塔"的叫声。人们恍然大悟，必须造塔才能压住泉眼里的妖怪。可那时他们不会造塔，百姓又发愁了。后来城里来了位沿街卖塔的老人，人们顿时过来围观，见他手里托着一座玲珑剔透的塔，便从他手里买下了这座塔。

按照这座塔的模样，人们立即热火朝天地盖了起来，工匠们先在泉眼上盖了第一层，然后用土把它围起来，修成坡道运料，接着盖第二层，和在平地上施工一样。以此类推，一直盖了十三层，最后把围的土一层层挖开运走，一座巨塔就矗立在夷山上了。

自从夷山造塔以后，开封再也不冒水了。这座塔便是闻名中外的开封铁塔，又被誉为"天下第一塔"。

▲ 清明上河园的美丽夜景

边读边游

清明上河园

　　清明上河园是以宋代张择端的名画《清明上河图》为蓝本，集中再现原图风物景观的大型宋代民俗风情游乐园。清明上河园展现了北宋诸如酒楼、茶肆、当铺、汴绣、官瓷、年画等风物，汇集民间游艺、杂耍、盘鼓等表演，再现神课算命、博彩、斗鸡、斗狗等京都风情，根据宋代历史故事表演"文包武杨"及宋代婚礼习俗等节目。

　　游人亦可身着宋装，手持宋币，尽情感受古人的生活习俗。开封市在该园投入巨资打造了大型水上实景演出《大宋·东京梦华》，极度华丽的视觉场景更是深深吸引着中外游客。

人文篇

龙亭

开封龙亭是古城开封的一个重要旅游景点，也是开封文物古迹的一大代表，但它其实不是亭，而是建筑在一座高达13米的巨大青砖台基之上的殿堂。

龙亭前有一条笔直的大道，道旁有两个东西对峙的湖，东为潘湖，西为杨湖。传说，东湖为宋朝太师潘美的府第，他陷害忠良，是个奸臣，宅院里的湖水是浑的；西湖为宋朝抗辽名将杨业的府第，他舍身救国，是个忠臣，宅院里的湖水是清的。这个说法没有科学根据，但反映了人们对忠奸的态度和感情。

宋都御街

宋都御街是为了再现宋代御街风貌而于1988年修建的一条仿宋商业街。史书记载，北宋的东京城富丽堂皇，其中最重要的一条街道就是御街。

宋都御街是开封城南北中轴线上的一条通关大道，它从皇宫宣德门起，向南经过里城朱雀门，直到外城南薰门止，长达十余里，是皇帝祭祖、举行南郊大礼和出宫游幸往返经过的主要道路，所以称其为御街，也称御路、天街或者宋端礼街。

御街仿古建筑

少年游中国

铁 塔

铁塔被人们誉为"天下第一塔"，是开封的标志性建筑。铁塔以卓绝的建筑艺术及宏伟秀丽的身姿而驰名中外。它设计精巧，采用了中国传统的木结构形式，外壁饰以飞天、麒麟等数十种图案，砖与砖之间有沟有槽，垒砌严密合缝。铁塔建成九百多年来，历经战火、水患、地震等灾害，至今仍巍然屹立，令建筑专家和游人叹为观止。

感受一下开封铁塔的宏伟身姿吧！

开 封 府

开封府历史悠久，名扬中外，是北宋时期天下首府，也是包公办公的衙门。包公扶正祛邪、刚直不阿，美名传于古今。

在开封府，你除了能看到大批珍贵史料、逸事和陈展外，还能看到"开衙仪式""包公断案""演武场迎宾表演""喷火变脸"等丰富多彩的表演活动，真切地体会到"游开封府，品味大宋文化；拜包龙图，领略人间正气"的非凡感受。

中国翰园

中国翰园是中国首家也是最大的一座民办碑林，是一座集诗、书、画、印之精华的大型文化宝库和中国文化名园，融自然景观与人文景观于一体。中国翰园的主要景观有人文始祖轩辕皇帝像、碑坛、翰园山、翰林宫等景点。

翰林宫主题碑廊设有历代书法碑廊、中山碑廊、现代书法碑廊、国际人士书法碑廊、篆刻碑廊、绘画碑廊、少数民族书法碑廊、少儿书法碑廊等。

动手动脑

参观了开封府，观看了包拯办案的现场，让我们来学习几个关于包拯的歇后语吧。请你们在父母的提示下用线将歇后语正确连接。

包公断案	好进难出
包公的尚方宝剑	尽管直说
包公的衙门	铁面无私
包公的铡刀	先斩后奏
包公放粮	刚正不阿
包公升堂	大快人心
包公铡陈世美	正人先正己
包公铡驸马	为穷人着想
包公铡包勉	不认人

5 泰山
天下第一山
——部编版《语文》四年级（下册）

景点概况

泰山位于山东省泰安市，以风景壮丽闻名天下，享有"五岳之首""天下第一山"的称号。重叠的山势，厚重的形体，苍松巨石的烘托，云烟的变化，使泰山在雄浑中兼有明丽，在静穆中透着神奇。

自古以来，中国人对泰山有种近乎痴迷的崇拜，尤其是古代帝王，极爱在泰山进行封禅祭祀。这也和古代神话中盘古死后其头部化作泰山的说法有关。在古代传统文化里，东方有万物交替、初春发生之地的说法，所以更有"泰山安，四海皆安"的信仰。

人文篇

🚩 游学目标

泰山石刻：泰山堪称世界上独一无二的石刻艺术宝库。古代众多声名赫赫的文人墨客、达官显贵都会在泰山刻字留念，相传清朝的乾隆皇帝在此留下了30多处石刻。当你踏上泰山，穿梭于碑林间，便能近距离欣赏到风格迥异的书法佳作，这对提升你的书法鉴赏力大有裨益。

泰山封禅：泰山封禅文化由来已久，了解这些封禅文化就是了解古代历史沿革，更容易直观地学习历史。

泰山日出：观看泰山日出的壮丽景象，可以提升自身对美的鉴赏能力。

泰山十八盘：徒步攀登泰山最险峻的路段，可以锻炼我们的体能和毅力。在攀登十八盘时，时常能遇见辛苦的挑山工，我们可以从挑山工的身上学习到吃苦耐劳的精神。

泰山世界地质公园：泰山世界地质公园展现了泰山的历史文化、地质地貌和动植物标本，游览此园能够拓展我们的自然地理知识。

边走边聆听

古时，泰山挑山工的职责主要在于协助兴建建筑、举行祭祀等活动，将所有必需品依靠人力搬运至山顶。《游山录》一书由宋代文人赵鼎臣所著，书中描述道："道中游人，尚班班往来，有陟者，有降者，有跂而进者，有负而趋者。"这里的"负而趋"，形象地描绘了当时向山顶运送物资的人群，他们可能包括游客，也不乏专门的搬运工人。赵鼎臣在个人经历中提到，他于登山前曾在城中租借车马和购买搬运服务。由此推测，虽然车夫与挑夫的职责不同，但他们应是相伴产生的职业，进而可以推断，挑夫作为一种专门职业，最晚形成于宋代。

少年游中国

明代王锡爵在《东岳碧霞宫祝釐碑》中也有相关记载：从大峪（现今北京房山的大峪沟）开采巨石作为碑身，高一丈三尺，宽四尺，厚一尺有余，从京城运至两千里外的泰山脚下，再以巨索缠绕，辅以大木支撑，动员数百人合力拖拽，如蚁群般缓慢前行，历经五十多个弯道，穿越大小天门，每日仅前进数十步，历时三月，才终于抵达宫前，其艰难程度可想而知。

这样复杂且庞大的搬运任务，无疑需要专业的组织来执行，因此可以推断，明代时期已经出现了挑夫行业组织。他们不仅负责运输各类货物，还协同车夫，为登山旅人提供服务。

"与国咸宁"题刻与"体乾润物"题刻

人文篇

边读边游

十八盘

泰山十八盘是泰山登山盘路中最险要的一段，一共有1600余级石阶，是泰山的主要标志之一。此处两山之间崖壁如削，陡峭的盘路镶嵌其中，远远望去，恰似天门云梯。遥想杜甫当年，自泰山脚下拾级而上，一步一阶天梯，一脚一声赞叹，是赞泰山的悬崖峭壁，亦是叹泰山的秀丽山河。"造化钟神秀"，不正是惊叹于大自然的神奇吗？

十八盘又有"慢十八，紧十八，不紧不慢又十八"这三个"十八盘"之说。自开山至龙门为"慢十八"，再至升仙坊为"不紧不慢又十八"，又至南天门为"紧十八"。"紧十八"西崖有巨石悬空，侧影似佛头侧枕，高鼻秃顶，慈颜微笑，名为迎客佛。

数完1600多阶的天梯，闯过南天门，游山玩水似神仙地抵达玉皇顶。此时站在古代帝王神往的封禅之地，俯瞰脚下的壮美景致，才终于体会到万人之上的满足感，才终于明白"一览众山小"的开阔心胸。

岱 庙

岱庙被誉为"华夏名山第一庙"，始建于秦汉之时，是历代帝王的泰山行宫。历代帝王登泰山，先要在山下岱庙内举行大典，然后登山。岱庙是帝王宫城式祠庙建筑，占地近10万平方米，是全国重点文物保护单位。

岱庙的主体建筑是位于仁安门北边的天贶殿。大殿建在长方形石台之上，三面雕栏围护，高达22.3米。重檐庑殿顶，彩绘斗拱，画瓦盖顶，檐下有8根大红明柱，规模宏大，辉煌壮丽，与北京故宫太和殿、曲阜孔庙大成殿合称为"中国古代三大宫殿"。

095

少年游中国

封禅大典

泰山封禅是历代帝王炫耀显赫功业的政治大典,曾经让很多皇帝心驰神往,相传史前有72位帝王来过泰山封禅,不过真正计入史册的只有秦以后的12位皇帝。他们在泰山上铭功颂德、扬名显号,因此也给泰山留下了许多惊心动魄而又耐人寻味的故事。其中秦、汉、唐、宋、清5个朝代的封禅故事最有说头。

如今《中华泰山·封禅大典》作为重现古代封禅大典的舞台剧演出,备受中外游客的喜爱。演出的剧场建在泰山东麓,主演区的基本形态像是一个巨大的封禅台,在演出灯光与周围山林背景的呼应下,向观众呈现典型的泰山自然环境与历史的意境,随着演出的进程,舞台和巨大的LED(发光二极管)显示屏依次呈现远古的混沌洪荒、秦代的金戈铁马、汉代的儒风雅乐、盛唐的万国朝冕等。

泰山日出

"泰山日出"是岱顶奇观之一，也是泰山的重要标志，当清晨的第一缕阳光透过晨雾，照耀在山顶上时，仿佛从天而降的巨幅山水画卷展现在我们眼前。晨光一扫阴霾，山更近了，树更绿了，风更轻了，那错落有致的山景更迷人了。

日观峰是观赏日出的一个绝佳之地。其上的观日长廊全长 30 米，亭廊衔接，似仙阁矗立，鲜艳夺目，登临其上可尽赏旭日东升的场面。李兴祖曾有诗赞曰："才听天鸡报晓声，扶桑旭日已初明。苍茫海气连云动，石上游人别有情。"

"爱美之心，人皆有之"，日出虽然美不胜收，但观赏的同时也要爱护自己。凌晨登上山顶、等待日出，此时的山顶气温偏低，游客们一定要做好保暖防护工作。登山顶的时候可以准备一个小电筒照明，这样才能安全、暖和地与日出完美邂逅。

▲ 泰山升中坊

桃花峪

　　总想寻一处地方，躲避都市的喧嚣；总想寻一处地方，逃离都市的压力；总想寻一处风景，原生原态；总想寻一处空气，原汁原味。泰山桃花峪无疑是这样一处地方，远离喧闹，远离尘世。

　　桃花峪位于泰山西麓，上段名为"桃花源"，下段名为"桃花峪"，因古时桃林满谷而名。又取唐朝诗人李贺"桃花乱落如红雨"之诗意，雅称红雨川。这里的登山，大门西边距离104国道只有3千米，游客不必进泰安市区便可直接进山。进门后换乘景区中巴车上山，游客乘车约半小时到达桃花源索道站，再换乘索道，就可以直接抵达岱顶了。

　　山清水秀的桃花峪满山都是草药香，遍地都是宝。而被泰山泉水哺育长大的赤鳞鱼，可是罕见的鱼类物种。从宋朝起，赤鳞鱼就被作为贡品进献给皇家食用。

　　赤鳞鱼的身影可不好寻觅，它们喜欢游玩于石缝水藻间，身手非常敏捷，一旦听到声音就会立刻钻到石头下面捉迷藏。更神奇的是，它们的颜色会随着环境而发生深浅不一的变化，以此来保护自己。

　　如果运气好的话，也许你可以在山涧溪水中发现玩得忘乎所以的它们，能够饱览它们摇曳的身姿和漂亮的外表。

动手动脑

1 假如一位挑山工每次可以携带 50 千克的物资登上泰山，现在农贸市场有 800 千克的货物要送到泰山上的宾馆，在只雇佣一位挑山工的情况下，请问需要多少次才能送完这批货物？

2 请你为辛勤忙碌的挑山工们写一封信，感谢他们的奉献吧！

6 赵州桥
人在苍龙背上行
——部编版《语文》三年级（下册）

景点概况

赵州桥景区坐落于河北省石家庄市赵县的赵州镇大石桥村，占地面积接近9万平方米。景区内包含了赵州桥、古桥展览馆以及桥语展厅等多个观光点。景区始建于1984年，初始占地面积为24675平方米。到了1999年，赵州桥景区的规模得到了扩展，达86980平方米。而经过进一步的整修后，景区于2022年7月25日正式重新开放迎接游客。

赵州桥景区于2002年被国家旅游局评为3A级景区。在2010年，该景区又进一步升级，被评定为国家4A级景区。

人文篇

游学目标

领略古代建筑工艺：在实地观摩赵州桥这座古老石桥的时候，能直观地领略到中国古代建筑工艺的高超与精妙，提升大家对建筑学的兴趣和认知。

培养科学思维：通过探究其建造历史、结构原理，锻炼大家的历史研究能力与科学思维。

体验筑桥智慧与精神：聆听它历经风雨仍屹立不倒的故事，我们将感受到古人的智慧与坚韧，增强民族自豪感和文化自信心。

边走边聆听

1979年5月，一个由中国科学院自然科学史研究室等4家机构联合构成的调研小组，深入探究了赵州桥的桥基构造。这座重达2800吨的古桥，其基础竟仅仅由5层石条堆叠而成，形成了一个高度为1.56米的桥台，且直接坐落于自然沙石之上。

赵州桥，这座建成于605年的古老桥梁，已经历了超过1400年的风雨洗礼。在这漫长的岁月里，它先后遭遇了多次洪水侵袭、战乱纷扰以及地震的考验。尤其是1966年3月22日，邢台地区发生了7.2级强烈地震，尽管赵州桥距离震中仅40多千米，却依然屹立不倒。据历史记载，赵州桥自建成以来，经历了数次修缮与维护。桥梁专家茅以升曾赞叹道，先不管桥的内部结构，仅就它能够存在1400多年就说明了一切。

回顾1963年的那场洪水灾害，大水甚至淹到了桥拱上的龙嘴部位。据当地老一辈人回忆，当时站在桥上，都能明显感受到桥身在剧烈晃动。

边读边游

叠石屏

赵州桥的北面偏东 26 米处,静静地伫立着一座别具一格的园林景点——叠石屏。叠石屏以玲珑剔透的太湖石砌叠而成,高达 4 米,呈影壁形,宛如一座微型的假山。太湖石以其独特的纹理和形态著称,每一块石头都经过精心挑选和堆砌,使得整个叠石屏显得错落有致,充满了自然之美。石屏的形状既具有山的雄浑,又不失水的柔美,仿佛一幅立体的水墨画,引人入胜。

围绕叠石屏的,是一个混凝土池塘。池塘清澈见底,与叠石屏相映成趣,更添几分雅致。池边设有矮栏环护,既保证了游客的安全,又使得整个景点显得更加规整有序。在阳光明媚的日子里,池塘的水面波光粼粼,与石屏的阴影形成鲜明的对比,营造出一种宁静而深远的美感。

最为引人注目的,莫过于叠石屏前那尊汉白玉石雕"娃娃攀鲤鱼"喷水石。这尊石雕高 0.76 米,形象生动,栩栩如生。鲤鱼呈直立形,头向上昂起,尾巴则向下甩向一边,仿佛在奋力跃出水面。而那个裸体的娃娃则紧紧抓住鱼须,呈现出一种攀登的姿态,充满了童趣和活力。每当水从鲤鱼口中喷出,溅落在娃娃和石屏上时,更增添了几分生动和趣味。

龙泉亭

赵州桥北边的龙泉亭依山傍水，巧妙地利用了地形的优势，临河而建。为了凸显其独特韵味，设计者特意在河边筑起了一座高台，龙泉亭便悠然坐落于这高台之上，与不远处的八角亭遥相呼应，形成了一幅和谐对称的画面。这种布局不仅展现了古代园林建筑的精妙构思，也使得龙泉亭在视觉上更具吸引力。

走进龙泉亭，最引人注目的莫过于亭中心的那口水井。这口井并非寻常之物，它不仅是龙泉亭的灵魂所在，更是呈现"双庙龙泉"景观的关键所在。井底巧妙地铺设了管道，这些管道蜿蜒曲折，最终通向石台半腰的一个石雕龙头。龙头栩栩如生，仿佛随时准备腾云驾雾。它威严地伸向河心，似乎在向过往的行人诉说着古老的故事。

当井中的泉水通过管道流淌至龙头时，一股股清泉便从龙头的口中喷涌而出，宛如一条银色的绸带在空中划过一道优美的弧线，最终洒落在水面上，溅起层层涟漪。在阳光的照耀下，水珠闪烁着晶莹的光芒，与周围的景色交相辉映，构成了一幅动人心魄的画面。

古桥展览馆

赵州桥古桥展览馆坐落于历史悠久的赵州桥旁，是一座集科普教育、文化展示与艺术欣赏于一体的综合性展览馆。其建筑面积达 2000 平方米，内部设计精巧，布局合理，由古桥探索厅、中国古桥厅、赵州桥厅、茅以升纪念馆四大主题展厅组成。

走进古桥探索厅，我们仿佛穿越时空，回到了那些古老而辉煌的岁月。这里通过翔实的史料、生动的模型和逼真的复原场景，向游客们展示了桥梁从远古时期的简单构造到现代复杂结构的演变过程。每一步都充满了惊喜，每一处都散发着历史的厚重感，让人不禁感叹人类智慧的伟大与桥梁文化的博大精深。

中国古桥厅则更加聚焦于中国桥梁的独特魅力。在这里，游客们可以欣赏到全国各地著名古桥的风采，如苏州的宝带桥、泉州的洛阳桥等。这些桥梁不仅各具特色，而且承载着丰富的文化内涵和历史价值，是中国古代工程技术的杰出代表。通过展览馆的展示，游客们可以更加深入地了解中国桥梁文化的多样性和独特性。

赵州桥厅作为展览馆的核心部分，自然是不能错过的。赵州桥，作为世界上现存最早、保存最完整的单孔大石桥，其历史价值和艺术价值都是无法估量的。在这里，游客们可以近距离地观赏到赵州桥的雄伟身姿，感受其跨越千年的不朽魅力。同时，通过展厅内的详细解说和互动体验，游客们还可以更加深入地了解赵州桥的设计原理、建造过程及其在中国桥梁史上的重要地位。

茅以升纪念馆则是为了纪念中国现代桥梁工程奠基人茅以升先生而设立的。这里收藏了茅以升先生的珍贵手稿、书籍和照片等文物，生动地展现了茅以升先生为中国桥梁事业做出的巨大贡献。同时，纪念馆还通过多媒体展示和互动体验等方式，向游客们普及了关于桥梁的知识和原理，让游客们在欣赏桥梁美景的同时，也能领略到桥梁科学的无穷魅力。

观月廊

　　观月廊全长 29.3 米，宽度适中，达 3 米，确保了游客在漫步其间时既能感受到空间的开阔，又不失亲近自然的温馨。其顶部采用了水泥仿木布瓦结构，既保留了传统建筑的古朴韵味，又兼顾了现代材料的耐久性与实用性，使得这一建筑在岁月的洗礼下仍能保持良好的状态，成为连接古今的一道亮丽风景线。

　　游廊沿着河岸向东蜿蜒伸展，直至龙泉亭，这一路径不仅为游客提供了一条漫步游览的绝佳路线，更让人们在行进中能够逐步领略到隔岸风光的无限魅力。站在观月廊内望去，赵州桥的古朴身影在洨河的映衬下更显庄重与雄伟，桥面的每一块石头都仿佛在诉说着千年的故事，引人遐想。而当夜幕降临，月光倾洒，古桥与游廊在柔和的光线中更添几分神秘与幽静，正如其名观月廊，仿佛是大自然特意为观赏这轮明月而设的舞台，烘云托月，美不胜收。

少年游中国

动手动脑

1 除了赵州桥，你们还知道哪些著名的中国古桥？请把它们的名字写在下面吧。

_____

_____

_____

_____

_____

2 古时赵州桥作为连通河道两岸的重要通路，每日往来行人络绎不绝。请你根据想象，画出赵州桥和桥上的行人吧。

7 延安
中国革命的圣地
——部编版《语文》四年级（上册）

景点概况

延安，作为中国革命圣地，肩负着全国爱国主义、革命传统教育及传承延安精神的重要使命，同时也是一座备受推崇的旅游城市。延安的旅游资源特色鲜明，以"两圣两黄"为主要内容。据2024年3月的统计数据，延安地区拥有丰富的历史遗迹，总数达8545处，其中革命旧址尤为珍贵，共计445处，分布在市区及县区，分别为168处和277处。此外，延安还拥有40处全国重点文物保护单位、211处省级重点文物保护单位，以及馆藏文物68995件，这些宝贵的文化遗产使延安成为国务院首批认定的历史文化名城之一。

少年游中国

游学目标

感受民族伟大精神：延安是中国革命圣地，你们将深入了解那段波澜壮阔的历史，感受先辈们为理想信念不懈奋斗的伟大精神，从而树立正确的价值观和民族使命感。

领悟革命精神与革命文化：参观革命旧址，可以了解当年的艰苦条件，懂得珍惜当下的幸福生活，还能体验独特的陕北文化，拓宽文化视野，提升文化包容力。此行将在你们的心间播下红色种子，激励自己在成长道路上勇往直前，努力成为国家的栋梁之材。

人文篇

边走边聆听

1947年3月19日，毛泽东及其领导下的中共中央机关和军队主动从延安撤离，转移至陕北地区继续战斗。毛泽东预判，敌人占领延安后会急于寻找我军主力进行决战。因此，在撤离延安之前，他已经精心规划了青化砭战役的战术与布局。

在彭德怀等人的指挥下，西北野战军采取了一种巧妙的战术：他们使用小部分兵力吸引胡宗南部的5个旅主力到延安西北的安塞地区，而主力部队则隐蔽地集结在延安东北的青化砭一带，等待时机对敌人进行伏击。

为了确保侧翼安全，敌人派遣了整编二十七师的三十一旅沿咸榆公路北上。到了3月25日，这支敌军进入了我军的伏击圈。敌军经过一个多小时的负隅顽抗后，最终被歼灭近3000人，其旅长也被俘虏。

▲ 延安革命纪念馆

边读边游

延安革命纪念馆

　　延安革命纪念馆坐落于宝塔区西北部，紧邻延河东岸，距离城区仅1千米。作为新中国成立后最早建立的革命纪念馆之一，其历史可追溯至1950年1月，起初馆址设于南关交际处。2002年，该纪念馆被原国家旅游局评为国家AAAA级旅游景区。2004年，中央宣传部、民政部、人事部、文化部联合授予其"全国爱国主义教育示范基地先进集体"的荣誉。2008年，延安革命纪念馆被评为国家一级博物馆。2009年，其新馆建筑被评选为"新中国成立60周年百项经典暨精品工程"，彰显了其深远的历史意义与建筑艺术价值。

人文篇

杨家岭革命旧址

杨家岭革命旧址（中国共产党中央委员会驻地旧址），坐落在延安城西北方向约2千米的位置，国家AAAAA级景区。自1938年11月至1947年3月，毛泽东等中央领导在此居住和办公。在此期间，中共中央继续指挥抗日战争敌后战场并领导了解放战争，同时领导了大生产运动和整风运动，召开了党的七大和延安文艺座谈会。1942年，中央大礼堂在此拔地而起，1945年4月23日至6月11日，这里召开了中国共产党第七次全国代表大会。2016年12月，杨家岭革命旧址被列入全国红色旅游经典景区名录。

凤凰山麓革命旧址

凤凰山脚下的革命旧址坐落于宝塔区。从1937年1月至1938年11月，毛泽东等中央领导在此地居住。这里是中共中央到延安后的第一个驻地。这一革命圣地，不仅是缅怀历史的重要场所，其建筑遗迹的完整保存，还深刻展现了陕北地区传统民居的独特风貌。尤为引人注目的是，该遗址采用了窑洞与四合院巧妙融合的建筑设计，以窑洞作为主体居住空间，配以瓦房作为辅助用房，窑前装饰有高耸的石阶、青砖门廊及精致的照壁，院内设有石碾、石磨，门窗上雕刻着精美的花纹，每一处细节都洋溢着浓郁的陕北文化气息。

少年游中国

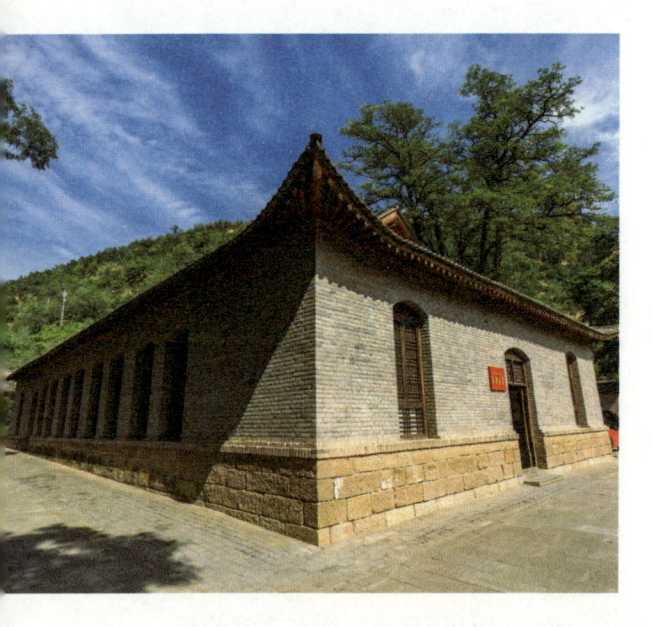

王家坪革命旧址

王家坪革命旧址曾是中共中央革命军事委员会（中央军委）与八路军总司令部（后更名为中国人民解放军总部）的所在地，坐落于宝塔区西北部，延河的东岸，距离城区仅1千米。从1937年1月到1947年3月，这里是中央军委与八路军总部的驻地，负责领导和调度全国的军事革命活动。旧址布局分为南北两部分，南部区域为政治部所在地，而北部区域则是司令部的办公场所。

中国抗日军政大学纪念馆

延安市北二道街的原中国人民抗日军事政治大学（简称抗大）旧址上，矗立着一座专为铭记抗大历史功绩而建的纪念馆，它隶属延安市文物局。抗大，其前身名为中国人民抗日红军大学，于1936年6月1日宣告成立，翌年更名为中国人民抗日军事政治大学。目前，这座纪念馆不仅是中国人民解放军国防大学在延安的教学基地，还是中国延安干部学院进行现场体验教学的地点、西安政治学院的教学基地、空军工程大学的合作单位，以及延安警民共同打造的红色旅游胜地。此外，纪念馆还与延安师范附属小学、毛岸英青少年教育中心结为共建单位，共同构成了全国爱国主义、革命传统教育和延安精神教育的重要组成部分。

动手动脑

1 向家中长辈询问关于抗日英雄们的故事,并讲给你的同学、朋友听。

2 每年的9月3日是中国人民抗日战争暨世界反法西斯战争胜利纪念日。请你为在抗日战争中牺牲的革命烈士写一篇纪念作文。

8 雷锋纪念馆

勿忘雷锋精神

——部编版《语文》二年级（下册）

景点概况

湖南雷锋纪念馆坐落于湖南省长沙市望城区的雷锋街道正兴路42号，占地面积达108000平方米，其中建筑面积约为8500平方米，绿化覆盖广阔，达81000平方米，并设有一个18500平方米的集会广场。

纪念馆建于1968年。其中的重点建筑雷锋生平事迹陈列馆建筑规模达1072平方米，内藏超过560件展品。馆内通过一系列精心挑选的文物、图片、图表及艺术创作，结合先进的多媒体展示、模拟场景、视频播放以及动漫技术等现代化手段，全方位、多角度地展现了雷锋这位平凡英雄的非凡一生，深入诠释了雷锋精神的深刻内涵，同时也鲜活地呈现了雷锋精神的传承者与践行者的风采与魅力。

人文篇

游学目标

了解雷锋助人事迹：通过在雷锋纪念馆观看珍贵的展品和事迹介绍，你们可以真切体会到雷锋助人为乐、无私奉献的高尚品格，从而激发内心的善良与责任感。

学习雷锋精神：学习雷锋对工作的敬业精神和对生活的热爱态度，反思自身，明确成长方向，这不仅能丰富我们的历史文化知识，更能让我们在心中树立榜样，激励自己在日常生活中积极践行雷锋精神，成为有担当、有爱心、有社会责任感的新时代青少年。

边走边聆听

自1961年起，雷锋频繁受邀前往各地发表演讲，这为他提供了更多服务人民的机会。社会上流传着一句佳话："雷锋出差一千里，好事做了一火车。"

某天，雷锋在沈阳站转车时，偶遇一群人围绕着一个怀抱幼儿的中年妇女。这位妇女正焦急万分，她从辽宁前往吉林探望丈夫，却不慎遗失了车票和钱财。见状，雷锋毫不犹豫地用自己的津贴购买了一张前往吉林的火车票，并亲手交给了这位妇女。妇女感动得热泪盈眶，连声询问雷锋的姓名、住址及所属单位。雷锋笑着回答："我叫解放军，就住在中国。"

5月的一个清晨，雷锋冒着大雨前往沈阳。为了赶上早一班的火车，他清晨5点多便起床，仅带着几个干馒头，披上雨衣便匆匆上路。途中，他遇见了一位牵着小女孩的妇女，正艰难地步行前往车站。雷锋不假思索地脱下自己的雨衣，披

少年游中国

在妇女身上,并抱起小女孩,一起到达车站。上车后,他发现小女孩冷得直打战,便将自己的贴身衬衫脱下给她穿上。考虑到她们可能没吃早饭,雷锋又将自己的馒头分给了她们。火车抵达沈阳时,雨仍在下,雷锋坚持将她们送回家中。那位妇女满怀感激地说:"同志,我该怎么感谢你呢?"雷锋谦逊地说:"别谢我,应该感谢党和毛主席!"

在日记中,雷锋这样写道:"我的一切都是党给的,光荣应该归于党,归于热情帮助我的同志。至于我个人做的工作,那是太少了。我这么一点点贡献,比起党对我的要求和期望还是非常不够的……"

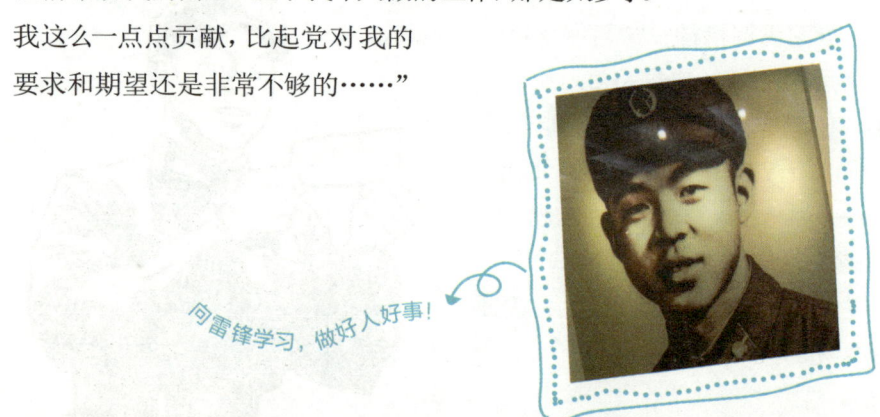

向雷锋学习,做好人好事!

学习雷锋好榜样

116

边读边游

长沙国防教育馆

　　长沙国防教育馆精心规划了六大展厅，每一展厅都以其独特的主题和丰富的展品带领参观者穿越时空，深入了解中国国防的辉煌历程和长沙在其中的重要地位。

　　军事主题展厅是教育馆的核心区域，通过一系列生动的军事场景，展示了中国军队在不同历史时期的英勇形象，以及他们在保卫国家安全、维护世界和平方面所做出的巨大贡献。这里不仅能让参观者感受到中国军队的威严与力量，更激发了人们的爱国情感和民族自豪感。

　　中国国防教育展示区通过图文、实物和多媒体等多种展示手段，系统地介绍了中国国防的发展历程、国防政策和国防建设成就。在这里，参观者可以深入了解国防的重要性，以及国家为加强国防建设所采取的各项措施。

　　长沙国防历史走廊仿佛一条穿越时空的隧道，通过对一系列历史事件的介绍和实物展示，再现了长沙作为一座军事重镇在历史上的辉煌岁月。这条走廊不仅让参观者感受到了长沙深厚的军事文化底蕴，更让他们对这座城市的历史有了更加全面和深入的了解。

　　兵器模型展示厅是一个充满科技感和趣味性的地方，这里陈列着飞机、坦克、导弹等各种现代兵器的模型。通过这些模型，参观者可以近距离地观察这些军事装备的外观和结构，了解它们的性能和用途。

长沙驻军风采展示区展示了解放军的良好形象和风采，通过一系列生动的照片和介绍，让参观者了解了驻军官兵们的日常生活和训练情况。这里不仅展示了军队的纪律性和战斗力，更传递了军民团结、共建和谐社会的理念。

军事演示区是教育馆的一大亮点，这里经常举办各种军事演示活动，如军事演习、战术讲解等。通过这些活动，参观者可以更加直观地了解军事知识，感受军队的严谨和高效。

长沙国防教育馆配备了先进的自动化语音导览系统，为参观者提供了便捷的信息获取途径。无论是老年人还是儿童，都可以通过这套系统轻松地了解每个展厅的主题和展品信息，使参观过程更加顺畅和愉快。

雷锋生平事迹陈列馆（新馆）

雷锋生平事迹陈列馆（新馆）位于湖南省长沙市望城区的雷锋纪念馆中央广场东侧，是一座为纪念和传承雷锋精神而建的现代化展馆。自 2015 年 10 月主体工程竣工以来，它已成为广大游客和市民了解、学习雷锋精神的重要场所。

新馆总建筑面积达 6275.5 平方米，陈展面积 3881 平方米，规模宏大，设计精巧。建筑坐东朝西，采用框架结构，4 层楼高的设计不仅确保了展馆内部空间的宽敞明亮，也赋予了建筑挺拔向上的气势。长方形外观简洁大方，现代建筑风

格与雷锋精神的朴素、奉献特质相得益彰。

在色彩运用上，新馆墙体采用了浅豆沙色和大红色相间的配色，这种搭配既热烈又庄严，既体现了雷锋精神的活力和激情，又彰显了其庄重和神圣。每当阳光照耀在墙面上，两种色彩交织出温暖而有力的视觉效果，仿佛在向每一位到访者诉说着雷锋短暂而光辉的一生。

走进新馆，人们可以通过丰富的展品和多媒体展示手段，全面了解雷锋的成长历程、先进事迹和雷锋精神的时代价值。馆内陈展内容生动翔实，既有珍贵的历史照片、文物和手稿，也有生动的场景再现和互动体验区，让参观者身临其境地感受雷锋精神的伟大和崇高。

雷锋雕像

雷锋雕像位于雷锋纪念馆塑像广场的中央，1991年10月落成。这里已成为人们缅怀雷锋精神、传承红色基因的重要场所。

雷锋雕像的作者为湖南省雕塑家朱惟精先生，他巧妙地运用了望城特有的花岗岩材质，使得雕像既具有地方特色，又显得坚实而庄重。雕像本身高达5米，基座高达3米，这一设计不仅体现了对雷锋同志的崇高敬意，还象征了毛泽东题词"向雷锋同志学习"的纪念日——3月5日。每当这一天来临，来自四面八方的人们都会聚集在这里，共同缅怀这位无私奉献的英雄。

雷锋雕像不仅是一处重要的文化地标，更是一段历史的见证。雷锋同志以其短暂而光辉的一生，诠释了什么是真正的为人民服务、什么是无私奉献。他的事迹和精神激励了一代又一代人，成为中华民族宝贵的精神财富。而这座雕像，正是对雷锋精神的最好诠释和传承。

为了保护这座具有深远意义的历史文物，2002年5月，雷锋雕像被公布为省级文物保护单位。保护范围从雕像台基起，四向各至30米处，确保了雕像及其周围环境的完整性和安全性。这不仅是对历史文化的尊重，更是对雷锋精神的传承和弘扬。

如今，雷锋塑像广场已经成为一个集纪念、教育、休闲于一体的综合性场所。人们在这里不仅可以瞻仰雷锋雕像，还可以参观相关的展览和纪念馆，深入了解雷锋同志的生平和事迹。同时，这里也是人们进行爱国主义教育、培养社会责任感的重要阵地。

雷锋故居

　　雷锋故居位于湖南雷锋纪念馆东侧约150米处,建筑风格古朴,建筑面积约为90平方米,占地面积虽不大,却充满了岁月的痕迹和故事的沉淀。这里虽然简单朴素,却孕育了一位伟大的共产主义战士。这里见证了雷锋从一个贫苦农民家庭的孩子,成长为一名全心全意为人民服务的解放军战士的历程。

　　走进雷锋故居,简陋的家具、破旧的衣物,无不诉说着雷锋童年生活的艰辛。然而,正是在这样的环境下,雷锋磨砺出了坚韧不拔的意志和无私奉献的精神。他用自己的实际行动,诠释了"把有限的生命投入到无限的为人民服务之中去"的深刻内涵。

　　2000年12月,为了更好地保护这一珍贵的故居,进行了保护性扩征,并完成了围墙及管理用房的建设。如今,故居的占地面积已经扩大到1080平方米,不仅为游客提供了更加宽敞的参观空间,也进一步提升了故居的保护和管理水平。

动手动脑

1 雷锋毕生都在为人民做奉献。你还知道雷锋的哪些事迹？

_____

_____

_____

_____

_____

2 请你试着模仿课文的文风，为雷锋或者其他共产主义战士写一首诗歌。

_____

_____

_____

_____

_____

9 圆明园
玉宇亭台付血泪
——部编版《语文》五年级（上册）

景点概况

圆明园是中国清朝时期修建的一座宏伟的皇家园林，坐落于北京市海淀区清华西路28号，占地面积超过350公顷，水域面积约140公顷。它由圆明园、绮春园和长春园三大园区构成，其中圆明园规模最大，因此该园林常被统称为"圆明园"（也被称为"圆明三园"）。这座园林不仅融合了江南众多名园的美景，还引入了西方园林的设计理念，堪称古今中外园林艺术的集大成者，是人类文化遗产中的一颗璀璨明珠。

1860年，英法联军对圆明园进行了野蛮的劫掠后纵火焚烧，导致圆明园及其周边的清漪园、静明园、静宜园、畅春园以及海淀镇均遭受重创。到了1900年，八国联军侵占北京时，圆明园的建筑遗迹和珍贵树木更是遭到了彻底的破坏。

游学目标

了解圆明园的历史：当我们漫步于圆明园遗址，能目睹历史的沧桑痕迹，深刻铭记那段屈辱岁月，增强民族责任感和历史使命感。

欣赏古典园林艺术：欣赏圆明园曾经的布局与建筑复原图，可以感受其昔日的辉煌壮丽，提升对古典园林艺术和历史文化的认知。

激励顽强奋进的精神：在反思中领悟"落后就要挨打"的道理，激发大家为国家繁荣富强而努力学习的决心，培养坚韧的精神品质和文化传承意识。

边走边聆听

1900 年，八国联军入侵北京，京城西郊的众多园林再次成为掠夺的目标。此时，清政府已无力保护圆明园，导致一些不法之徒趁机进行破坏。他们不仅掠夺了园中的财物，还拆毁了残留的建筑物和桥梁，连园内的树木也未能幸免，被大量砍伐。清河镇上因此堆积了大量的木材，园内则遍布炭灰，树木被烧制成木炭，圆明园的建筑与古树名木遭到了毁灭性的打击。

清宣统末年，旗人开始在圆明园的宫殿废墟上建造房屋，昔日的皇家园林逐渐变成了农田。清朝灭亡后，圆明园的遗物又遭到了官僚、军阀和奸商的掠夺。

1912 年以后，军阀将圆明园视为一个巨大的建筑材料库，大量拆取园中的材料。然而，也有一部分遗物被妥善保存，并被安置在公共场所。例如，从 1910 年至 1937 年间，长春园的铜麒麟、安佑宫的丹陛石等被移至颐和园；而安佑宫的华表、文源阁的文源阁碑等则被分别运往燕京大学和北京图书馆旧馆。

1915 年，兰亭碑和"青莲朵"等珍贵的太湖石被移往中山公园；长春园大

▲ 圆明园遗迹

东门的石狮子及基座也被移至正阳门和新华门；西洋楼遗址的汉白玉和砖瓦等也被军阀、官僚私运或石作坊买走，用于其他建筑或雕刻。徐世昌和王怀庆等人拆走了园中的木材和石料；到了1928年，大水法遗址的石料被拆走用于修建绥远阵亡将士碑。相关档案记载，每天都有大量军车拉运园中的太湖石。然而，实际情况远比档案中记载的更为严重。圆明园废墟中能够作为建筑材料的物品，如方砖、屋瓦、墙砖、条石以及地下的木钉、木桩和铜管道等，都被搜罗一空，这一过程持续了20多年，被称为圆明园的"石劫"。

　　1940年后，由于北京粮食短缺，伪政府鼓励开荒。从那时起，农户开始进入圆明园平整山地、填平湖泊，开垦田地种植水稻。这座在清初精心打造的园林，最终变得面目全非。

人文篇

边读边游

蓬岛瑶台遗址

蓬岛瑶台位于圆明园内的福海之中，是一处集自然美景与人文传说于一体的绝妙景点。这里以嶙峋的巨石堆砌成大小三岛，分别象征着传说中的蓬莱、瀛州、方丈三座仙山，为游客营造出一幅如诗如画的仙境图卷。

福海作为圆明园内最大的水面，其四岸风光旖旎，建有十余处各具特色的园林佳境，与蓬岛瑶台相映成趣，共同构成了一幅绚丽多彩的园林画卷。在这里，你可以漫步于幽静的林间小道，也可以泛舟于波光粼粼的湖面，尽情感受大自然的宁静与和谐。

1985年恢复福海景区山形水系时，蓬岛瑶台的东岛六方亭和西岛园林建筑得以按原貌修复。如今，这些修复后的建筑不仅重现了昔日的辉煌，也成为游客们追忆历史、缅怀先贤的重要场所。

少年游中国

绮春园

绮春园又称万春园，位于圆明园的东南部，是圆明园中三园之一。绮春园早期是清怡亲王允祥的御赐花园，到乾隆中期改赐给大学士傅恒，后归入圆明园。在嘉庆年间，绮春园达到全盛，成为嘉庆帝长年园居之所，他还命名了"绮春园三十景"。1986年以后，绮春园的山形水系和部分景观得以修复，再现了北方皇家园林山水的风貌。

绮春园由多个小型湖泊和山岗组合而成，整个布局自由散漫，别有一番意境。园中的鉴碧亭堪称观赏湖景的绝佳位置。鉴碧亭建于清嘉庆十六年（1811年），坐落于绮春园宫门内西侧湖中，其为重檐方亭构造，四面各显三间，亭外高悬"鉴碧亭"匾额。1993年，人们在原址上依据旧貌重新构建了这座亭台。

海晏堂遗址

　　海晏堂的主建筑正门朝西，建筑风格融合了欧洲巴洛克建筑与中国传统宫殿的元素，展现出别具一格的审美情趣。步入殿堂之前，首先映入眼帘的是一座喷水池，它不仅是海晏堂的点睛之笔，也是"水力钟"这一古代计时装置的载体。喷水池的设计巧妙而富有深意，池水清澈，倒映着蓝天白云，与四周精致的雕塑构成了一幅宁静祥和的画面。

　　池畔，十二生肖人身兽首铜坐像以八字形排列，形态各异，每尊铜像都栩栩如生，既体现了中国古代生肖文化的深厚底蕴，又融入了西方雕塑艺术的精湛技艺。这些铜像不仅是装饰，更是"水力钟"的核心所在。它们根据中国古代的十二时辰制度（即子、丑、寅、卯、辰、巳、午、未、申、酉、戌、亥），每到相应的时辰，对应的生肖铜像便会从口中喷水，形成一道独特的水景，既美观又实用。

　　尤为值得一提的是，正午时分，十二只铜兽会同时喷水，场面蔚为壮观，这一景象被誉为"水力钟"的巅峰时刻，成为了海晏堂乃至整个圆明园的一大奇观。

　　如今在乱石丛中，我们依然可以见到那座贝壳形状的巨大石雕，它静静地诉说着往昔的辉煌与沧桑，成为历史的见证者。

少年游中国

大水法遗址

大水法坐落在圆明园远瀛观的高台南面，采用石龛构造，内置七级水盘结构，顶端装饰有一头大型狮子雕像，当水盘喷水时，能形成七层壮观的水幕。其前方设计了一个椭圆形的菊花样式喷水池，池中心巧妙地安置了一尊铜制的梅花鹿雕像，鹿的两侧则有10只形态如奔跑中的铜狗雕像相伴。大水法的左右两侧，各自矗立着一座宏伟的方形喷水塔，塔顶喷射出高高的水柱，而在塔的四周，更有88根铜管同时喷射出水流，场面蔚为壮观。

观水法遗址

面对大水法的方位，矗立着观水法建筑。它朝向北方，专为清朝皇室成员设计，以便他们能够在此欣赏大水法的壮观喷泉表演。观水法的核心区域，一块石台上，精心设置了一个御座，其背后则是一道大型的石雕屏风，由5块雕刻精细的石板并排构成，上面分别镌刻着西洋军旗、铠甲装备、刀剑兵刃、火枪火炮等图案，富有异域风情。在这道屏风的东侧与西侧，各自挺立着一座洁白如玉的方塔，它们犹如守护神般矗立。再向外延伸，每侧又各有一扇典型的巴洛克风格西洋门，穿过这些门，向南行进，便能踏上通往泽兰堂的阶梯，开启另一段探索之旅。

●●●●● 人文篇

动手动脑

1 从1860年开始，圆明园十二生肖铜兽首遭到侵略者掠夺，流失海外。你知道下图中的铜兽首分别属于哪个生肖吗？

（　　）　　　　　（　　）

（　　）　　　　　（　　）

2 英法联军的入侵给中国近代百年屈辱史添上了一抹血泪。作为新时代的少年，你认为应该为如今已傲立于世界民族之林的祖国做些什么？请把你的想法写下来吧。

_____

_____

_____

_____

10 故宫
世界五大宫殿之首

——部编版《语文》六年级（上册）

景点概况

　　故宫位于北京市中心的天安门北侧，旧称"紫禁城"，于明代永乐十八年（1420年）建成，是明清两代的皇宫，两代24位皇帝在此居住和处理政务。它是汉族宫殿建筑之精华，无与伦比的古代建筑杰作。故宫承载中华文明的政治、艺术与哲学精髓。其建筑融合五行学说与礼制规范，如中轴线与北京城轴线重合，体现"择中而立"的传统思想。作为明清24位帝王的政治中枢，故宫见证了封建王朝的兴衰，如嘉靖年间的"大礼议"和晚清慈禧垂帘听政等历史事件。1925年转型为博物院后，馆藏文物积累到180余万件，涵盖书画、陶瓷、宫廷器物等，成为中华文化传承的重要载体。

人文篇

游学目标

故宫建筑：整座故宫的建筑以宫廷风格为主，参观故宫之后可以加深对宫廷风格建筑的认识。

两朝历史：故宫是明清两朝帝王的执政之地，带着对两朝历史的了解参观故宫，可以更深刻地体会到历史的演进和朝代的更迭。

故宫书画：故宫里书画藏品数量丰富，可以亲眼欣赏到著名书画家的书画艺术，增强对艺术的鉴赏能力。

故宫古物：故宫内珍藏着年代久远的古董，通过观赏这些不同历史时期出土的文物，可以更直观地了解生产力的发展历史。

边走边聆听

紫禁城的修建起始于大明永乐时期。朱棣于1402年通过"靖难之役"登上皇位后，为了进一步稳固其政权，决定将都城迁移至北京，并着手建造一座全新的皇家宫殿。这一决策蕴含了朱棣加强中央集权的意志，同时也反映了他对北方边境安全的深切关注。北京坐落于华北平原之上，北倚燕山，南望黄河，作为华北与东北的交通枢纽，其战略地位不言而喻。

紫禁城的建造工程耗时长达14载，自1406年起，至1420年方告竣工。在此期间，朱棣累计征调了数十万

131

▲ 故宫角楼

  工匠与上百万民夫，并从全国各地搜集了大量珍贵的建筑材料。为了打造这座宏伟的宫城，从江南砍伐林木，从华北开采石料，在景德镇烧制瓷器，在云南熔铸黄金。

  在建造紫禁城的过程中，还采取了一些重要措施。例如，为了确保宫殿建筑的稳固与耐久，朱棣特别下令在宫殿的柱子中灌注锡水，以此防止白蚁的侵扰。又如，紫禁城的琉璃瓦在烧制过程中，每片瓦上都刻有工匠的姓名，一旦瓦片出现质量问题，便能迅速追究相关工匠的责任。

  清朝入关后，顺治帝和康熙帝都按照明朝的旧例，将乾清宫作为居住和处理朝政的主要场所。然而，雍正帝即位后，他选择移居到养心殿。养心殿位于紫禁城内廷的乾清宫西侧，其历史可以追溯到明朝嘉靖年间。起初，它并非皇帝的寝宫。在康熙时期，内务府在此设立了专为皇室制作宫廷用品的作坊，称为"养心殿造办处"。

  康熙帝去世后，继位的雍正帝并未搬入其父的寝宫乾清宫，而是将原本作为为父守孝之用的养心殿（位于西侧遵义门内）改为了自己的寝宫。从此，养心殿成为了皇帝居住和处理朝政的主要地点。后来，军机处设立后，其办公地点也设在养心殿附近。乾隆帝即位后，对养心殿区域进行了大规模的扩建和改建，逐渐形成了固定的规制。

  从雍正帝开始，乾隆、嘉庆、道光、咸丰、同治、光绪、宣统八位皇帝都居住在此，直到宣统帝被逐出紫禁城。

边读边游

太和殿

　　太和殿（明朝称"奉天殿""皇极殿"），俗称"金銮殿"。太和殿连台基通高35.05米，长约65米，宽37米，面积约2380平方米。它是紫禁城诸殿中面积最大的一座，采用的形制也是最高规格，可谓最富丽堂皇的建筑。

　　太和殿是五脊四坡大殿，从东到西有一条长脊，前后各有斜行垂脊两条，这样就构成五脊四坡的屋面，建筑术语上叫"庑殿顶"。檐角有10个走兽，是中国古建筑之特例。

　　大约从14世纪明代起，重檐庑殿是封建王朝宫殿等级最高的形式。太和殿有直径达一米的大柱72根，其中6根围绕御座的是沥粉贴金的蟠龙柱。殿顶有贴金蟠龙藻井，殿中间是封建皇权的象征——金漆雕龙宝座，设在高2米的台上，御座前有造型美观的仙鹤、香炉，背后是雕龙屏。

　　太和殿是故宫中最大的木结构建筑，是故宫中最壮观的建筑，也是中国最大的木结构殿宇。整个大殿装饰得金碧辉煌，庄严绚丽。太和殿是皇帝举行重大典礼的地方，皇帝即位、诞辰、婚礼、春节等都在这里庆祝。

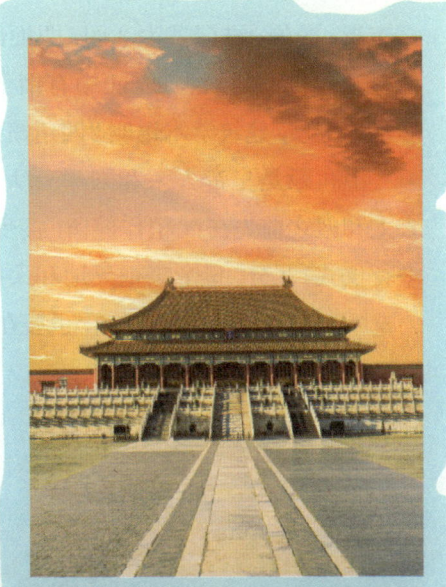

少年游中国

中 和 殿

中和殿明朝称华盖殿、中极殿，位于太和殿后。中和殿通高 27 米，平面呈正方形，面阔、进深各为 3 间，四面出廊，金砖铺地，建筑面积 580 平方米。黄琉璃瓦单檐四角攒尖顶，正中有鎏金宝顶。四脊顶端聚成尖状，上安铜胎鎏金球形的宝顶，建筑学术语叫"四角攒尖顶"。

中和殿是皇帝去太和殿举行大典前稍事休息和演习礼仪的地方。皇帝在去太和殿之前先在此稍作停留，接受内阁大臣和礼部官员行礼，然后进太和殿举行仪式。另外，皇帝祭祀天地和太庙之前，也要先在这里审阅一下写有祭文的"祝版"；在到中南海演耕前，也要在这里查验一下农具。

保和殿

保和殿在明朝称谨身殿、建极殿，在中和殿后。保和殿通高29.5米，平面呈长方形，面阔9间，进深5间，建筑面积为1240平方米。黄琉璃瓦重檐歇山顶。屋顶正中有一条正脊，前后各有2条垂脊，在各条垂脊下部再斜出一条岔脊，正脊、垂脊、岔脊共9条，建筑学术语叫"歇山式"。保和殿是每年除夕皇帝赐宴外藩王公的场所，也是科举考试举行殿试的地方。

太和殿、中和殿、保和殿都建在汉白玉砌成的8米高的"工"字形台基上，太和在前，中和居中，保和在后，远望犹如神话中的琼宫仙阙。基台3层重叠，每层台上边缘都装饰有汉白玉雕刻的栏板、望柱和螭首，台前有三层蟠龙石阶，衬以海浪和流云的"御路"。

在25000平方米的台面上有透雕栏板1414块，雕刻云龙翔凤的望柱1480根，螭首1142个。用这样多的汉白玉装饰的台基，造型重叠起伏，这是中国古代建筑上具有独特风格的装饰艺术。

少年游中国

坤宁宫

坤宁宫在故宫内廷最后面。坤宁宫是明朝及清朝雍正帝之前的皇后寝宫,两头有暖阁。雍正后,西暖阁为萨满祭祀地。东暖阁为皇帝大婚的洞房,康熙、同治、光绪等在此举行婚礼。

乾清宫

乾清宫在故宫内廷最前面,是后三宫之首,高20米。殿中有宝座,宝座上方有"正大光明"匾,两头有暖阁。乾清宫是封建皇帝的寝宫。清康熙前此处为皇帝居住和处理政务之处。雍正帝即位后移居养心殿,但仍在此批阅奏报、选派官吏和召见臣下。

交泰殿

交泰殿在乾清宫和坤宁宫之间，含"天地交合、康泰美满"之意，建于明代，清代曾重修，是座四角攒尖、镀金宝顶、龙凤纹饰的方形宫殿。明清时，该殿是皇后诞辰举办寿庆活动的地方。清代皇后主持亲蚕礼，须至此检查典礼的准备情况。清代的玉玺也收藏在这里。

少年游中国

养心殿

养心殿建成于明嘉靖十六年（1537年），清雍正时期重修，为"工"字形建筑，分前后两殿。自清雍正以后，皇帝寝宫移至后殿，前殿成为皇帝处理日常政务、接见臣子的地方。

前殿正中设屏风宝座，上悬雍正御笔"中正仁和"匾，这里是皇帝接见大臣、举行常朝的所在地。

东暖阁是同治、光绪皇帝年幼时，慈安太后和慈禧太后垂帘听政的地方。1911年辛亥革命爆发，溥仪在此召开"御前会议"，做出退位决定。

西暖阁正中设坐榻，上悬雍正御笔"勤政亲贤"匾，这里是清代皇帝批阅奏章或与亲近大臣密商之处。西暖阁西侧另一小室为乾隆皇帝最著名的书房之一——三希堂。

御花园

御花园在坤宁宫北面。御花园里有高耸的松柏、珍贵的花木、山石和亭阁。御花园原名"宫后苑"，占地12000多平方米，有建筑20余处。以钦安殿为中心，园林建筑采用主次相辅、左右对称的格局，布局紧凑，古典富丽。殿东北的堆秀山，为太湖石叠砌而成，上筑御景亭。殿东西两边有名为"万春亭"和"千秋亭"的两座亭子，可以说是保存的古亭中最为华丽的了。

动手动脑

故宫中陈列着许多世界闻名的珍奇文物。请你收集资料，为下面图中展示的文物填上名字。

（　　　）

（　　　）

（　　　）

（　　　）

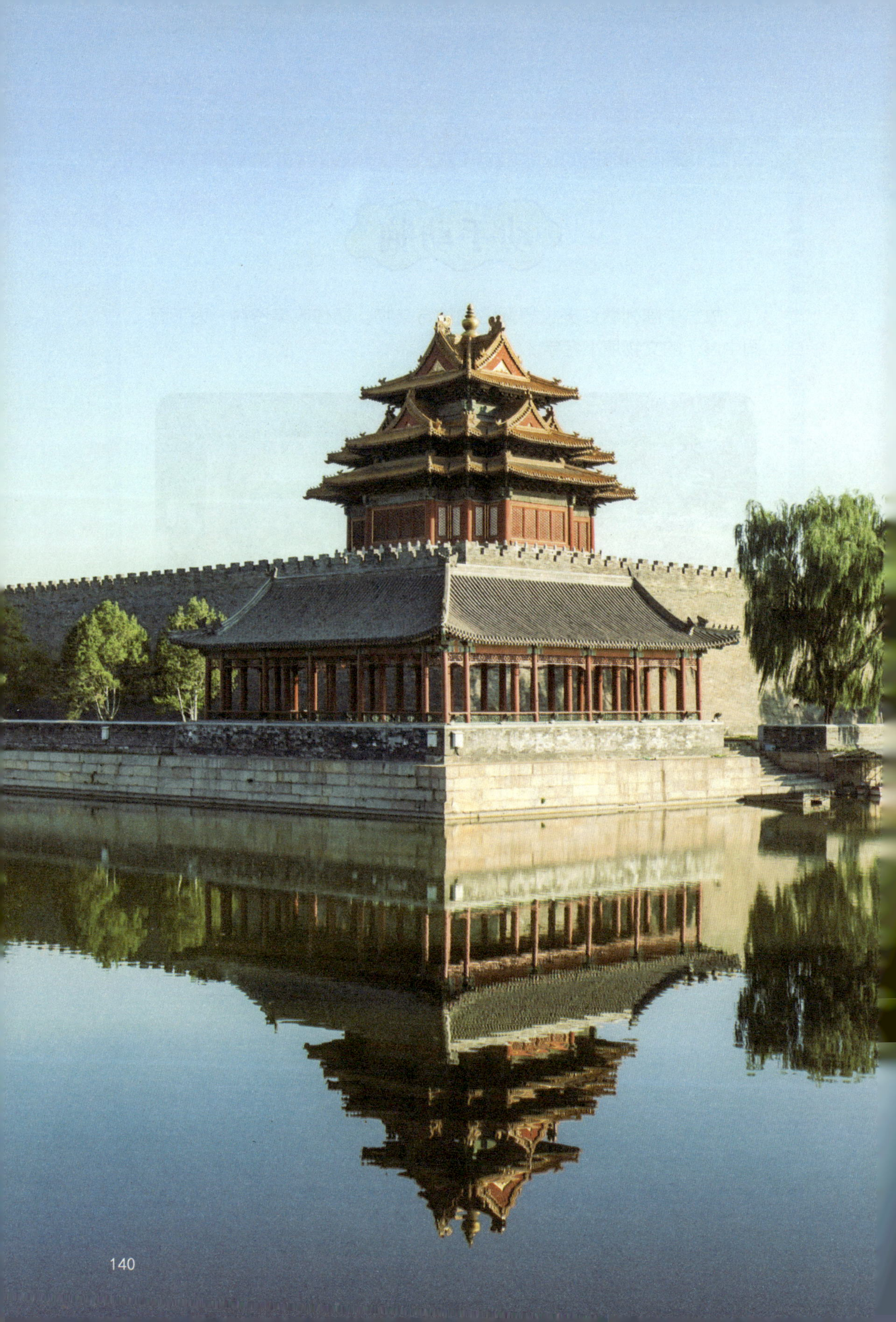

附录

旅途随笔

部分题目参考答案

自 然 篇

1 黄山

3 腾（云）驾（雾）　　（奇）形（怪）状
（名）（山）大川　　（仙）（气）缭绕

2 庐山

1 携带登山杖

3 钱塘江

1 (1) 将 5 千克水桶装满；

(2) 将 5 千克水桶里的水往 3 千克水桶里倒，直至倒满，如此 5 千克水桶里还剩 2 千克；

(3) 将 3 千克水桶里的水全部倒出，把 5 千克水桶里剩下的 2 千克倒入，如此 3 千克水桶里有 2 千克水；

(4) 将 5 千克水桶再次装满后，往 3 千克水桶里倒，直至倒满，因为之前 3 千克水桶里有 2 千克水，还需要倒入 1 千克水，这样 5 千克水桶中就倒出去 1 千克，从而剩下 4 千克水了。

143

❷ 钱塘江大潮的特点

波纹潮：当涌潮动力较弱时，潮头不完全破碎，会呈现出波纹状，这种形态被称为"波纹潮"。

鱼鳞潮：潮头后面一段段潮水似鱼鳞状，这些图案在宽阔的江面上显得尤为震撼。

交叉潮：潮水来自多个方向，形成交汇。交叉处浪花飞溅，水流碰撞激烈。

波纹潮　　　鱼鳞潮

交叉潮

4 呼伦贝尔

❷ 马头琴、蒙古包、马奶酒均为蒙古族特色。

其他代表民族如下：哈密瓜——维吾尔族。

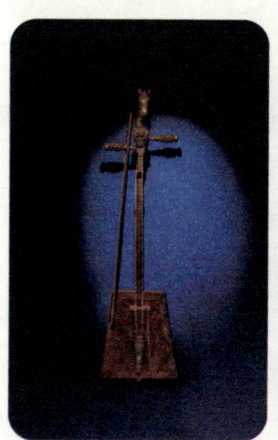

5 洞庭湖

1. 候鸟是一种随季节变化而改变栖息地的鸟。在秋冬季节，候鸟向南迁徙，因为南方温暖，是理想的避寒地点。（此题可自由发挥想象力。）

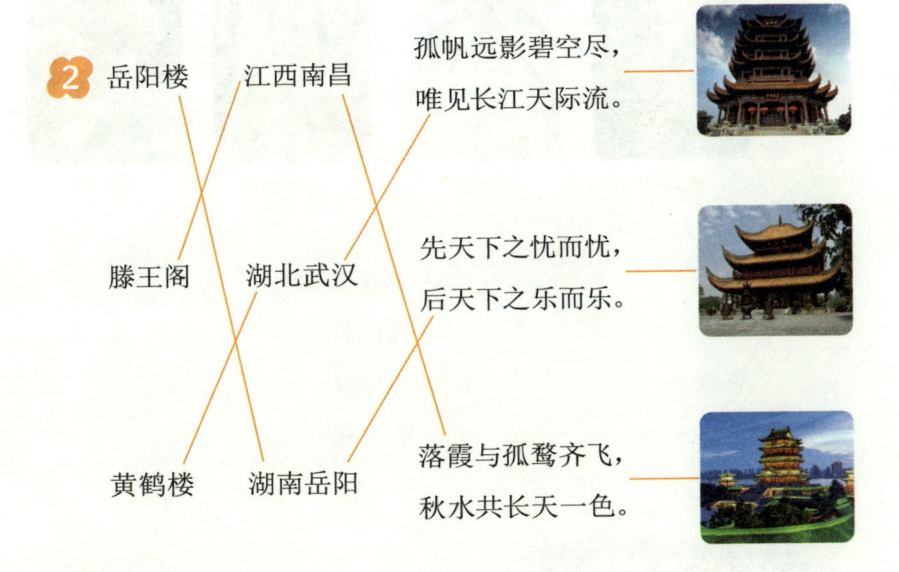

2. 岳阳楼　　江西南昌　　孤帆远影碧空尽，
　　　　　　　　　　　　唯见长江天际流。

　　滕王阁　　湖北武汉　　先天下之忧而忧，
　　　　　　　　　　　　后天下之乐而乐。

　　黄鹤楼　　湖南岳阳　　落霞与孤鹜齐飞，
　　　　　　　　　　　　秋水共长天一色。

6 日月潭

1. 天堂凤蝶

2. 孔雀开屏是为了求偶或示威。（此题可自由发挥想象力。）

3. 日月潭名字由来：日月潭中央有个美丽的小岛，叫拉鲁岛。小岛把湖水分成两半，北边像圆圆的太阳，叫日潭；南边像弯弯的月亮，叫月潭。

7 西双版纳

1 橡胶树 椰子树 香蕉树 荔枝树

橡胶树　　椰子树　　香蕉树　　荔枝树

3 白族 —— 三月街
藏族 —— 雪顿节
彝族 —— 火把节
蒙古族 —— 那达慕

8 小兴安岭

1 用林地面积除以林场总面积得到占比，算出结果后保留到整数。

10.3÷10.7 ≈ 96%

通过计算得出，林地面积占林场总面积约 96%。

10 珠城

1 图中海洋生物按从左到右、从上到下顺序分别为沙虫、石斑鱼、牡蛎、海虹。

沙虫

石斑鱼

牡蛎

海虹

人 文 篇

1 李白故里

1
日照香炉生紫烟 —— 不及汪伦送我情
两岸猿声啼不住 —— 遥看瀑布挂前川
花间一壶酒 —— 独酌无相亲
桃花潭水深千尺 —— 恐惊天上人
我寄愁心与明月 —— 轻舟已过万重山
不敢高声语 —— 随君直到夜郎西

2 （小时不识月），（呼作白玉盘）。
又疑瑶台镜，飞在青云端。

天门中断楚江开，（碧水东流至此回）。
两岸青山相对出，（孤帆一片日边来）。

（众鸟高飞尽），（孤云独去闲）。
相看两不厌，只有敬亭山。

3 鲁迅故居

1 （1）横眉冷对千夫指，（俯首甘为孺子牛）。
（2）哀其不幸，（怒其不争）。
（3）度尽劫波兄弟在，（相逢一笑泯恩仇）。

附录

(4)（无情未必真豪杰），怜子如何不丈夫。

(5) 不在沉默中爆发，（就在沉默中灭亡）。

(6) 谦以待人，（虚以接物）。

2 "三味"指的是"读经味如稻粱，读史味如肴馔，诸子百家味如醯醢"。

4 开封

包公断案	好进难出
包公的尚方宝剑	尽管直说
包公的衙门	铁面无私
包公的铡刀	先斩后奏
包公放粮	刚正不阿
包公升堂	大快人心
包公铡陈世美	正人先正己
包公铡驸马	为穷人着想
包公铡包勉	不认人

5 泰山

1 一位挑山工每次可携带 50 千克物资上山，那么通过计算：
800÷50=16（次）

149

因此，在只雇佣一位挑山工的情况下，需要 16 次才能送完这批货物。

6 赵州桥

1. 除赵州桥外，著名的中国古桥还有卢沟桥、广济桥、洛阳桥、泸定桥、五亭桥、宝带桥。（此题可自由发挥。）

8 雷锋纪念馆

1. 雷锋所在班的战士乔安山文化程度低，雷锋就手把手地教他认字、学算术。乔安山家庭生活困难，雷锋便偷偷地以乔安山的名义给他家里寄钱。雷锋利用休息时间，帮助乔安山等战友学习文化知识，他耐心细致，像一位称职的老师。（此题可自由发挥。）

9 圆明园

1. 图中的生肖铜兽首按从左到右的顺序分别为牛、蛇、鸡、龙。

牛　　蛇　　鸡　　龙

附录

10 故宫

1 图中的文物按从左到右、从上到下的顺序分别为金瓯永固杯、正大光明匾、釉彩大瓶、青玉云龙纹炉。

金瓯永固杯

正大光明匾

釉彩大瓶

青玉云龙纹炉

青蓝